Hartmut Krinitz & Georg Schwikart

Schottland

Weltbild

Erste Seite:
Brauchtum wird in Schottland groß geschrieben. Lust an Aufmärschen und Trachten zeigen diese Herren aus Lonach bei den Drumtochty Highland Games.

Vorherige Seite:
Als würde der Jüngste Tag anbrechen! Typische Schottlandatmosphäre in der Region Wester Ross mit einem gespenstisch anmutenden Himmel.

Unten:
Lange bevor man in Las Vegas Schnellhochzeiten anbot, konnte man sich in Schottland Hals über Kopf trauen lassen: Als im 18. Jahrhundert in England Eheschließungen von

jungen Leuten unter 21 Jahren verboten wurden, flohen die Liebespaare nach Gretna Green.

Seite 10/11: *120 Meter über der schottischen Metropole Edinburgh thront das Castle, eine eindrucksvolle Burg mit zahlreichen Sehenswürdigkeiten.*

Inhalt

Schottland – bewegte Geschichte, grandiose Natur und offenherzige Menschen

Die Schalmei einer Sackpfeife wird nicht unmittelbar mit dem Mund angeblasen, sondern durch einen mit Atemluft gefüllten Ledersack, dessen Druck der Spieler mit dem Arm reguliert. Grundton und Quinte klingen bei der Melodie ständig mit. Ursprünglich aus Asien stammend, ist der Dudelsack schottisches Nationalinstrument geworden. In Dunoon spielt die Pipeband zu den Cowal Highland Games auf.

Loch Lomond, an einem Nachmittag im Frühling: Der See ruht eingerahmt von sanften Hügeln, das Wasser tiefblau und spiegelglatt. Am Himmel bieten tiefe Kumulus- und hohe Zirruswolken ein Schauspiel aus Licht und Schatten. Da und dort findet ein Sonnenstrahl den Weg zur Erde. Erfüllte Stille! Man wähnt sich in einem Gemälde. Ein herbes Naturparadies liegt dem Betrachter zu Füßen. Wer Schottland bereist, kann einem abwechslungsreichen Land mit bewegter Geschichte und offenherzigen Menschen begegnen. Auf etwa 80 000 Quadratkilometern leben zirka 5,1 Millionen Schotten: in pulsierenden Großstädten wie Edinburgh, Glasgow oder Aberdeen, noch typischer aber in Kleinstädten, Dörfern, Weilern oder auf einsamen Gehöften. Wie das Bruderland England wird der Inselstaat vom Meer umspült: im Westen vom Atlantischen Ozean, im Osten von der Nordsee. Durch die Cheviot Hills und den Fluss Tweed ist Schottland von England getrennt. Jenseits dieser Grenze liegen die Borders, ein sanftes, grünes Hügelland. Bis südlich von Glasgow und der Halbinsel Fife erstreckt sich das Tiefland, die Lowlands. Westlich und nördlich erhebt sich das Hochland, die Highlands. Und auch die Inseln, die Islands, tragen zum einzigartigen Charme Schottlands bei.
Das Klima in Schottland ist atlantisch geprägt: Selten wird es kälter als sechs Grad Celsius, noch seltener wärmer als 20 Grad. Die Winter zeigen sich mild, die Sommer kühl. Der dauernde Westwind treibt Wolken an die Küste. Im Westen regnet es oft und viel, der Osten ist trockener, dafür kälter, weil dort der mäßigende Golfstrom keinen Einfluss mehr ausübt. Im zentralen Hochland fallen die Niederschläge als Schnee.

Porridge, Scotch Broth und Haggis

Das raue Klima lässt nicht zu, dass zarte Zucchini oder exotische Mangos hier gedeihen. Aber Hafer und Gerste wachsen auf den Feldern, Kartoffeln auf dem Acker, dazu kommt das Weideland für Schafe und Kühe: Die

Hauptbestandteile schottischer Küche sind gewährleistet. Für das, was sich mit Mehl zubereiten lässt, wird gerne Hafermehl verwendet: Porridge – Haferbrei – war früher einmal Grundnahrungsmittel der einfachen Bevölkerung. Noch heute isst man ihn gerne morgens, genauso wie Oatcakes, die Haferkekse. Ansonsten gleicht das schottische dem englischen Frühstück: Traditionell werden Spiegel- oder Rühreier verzehrt, dazu Würstchen oder Speck, gedünstete Tomaten, weiße Bohnen. Mutige lassen sich gebratenen Räucherfisch munden: deftige Kost, triefend von Fett. Der durchschnittliche Schotte des 21. Jahrhunderts jedoch hat für diesen Aufwand vor dem Arbeits- oder Schulbeginn keine Zeit und begnügt sich mit Cornflakes oder – Haferflocken!

Zur Hauptmahlzeit werden Steaks von Hochlandrindern oder Roastbeef serviert, auch schätzen die Schotten wie die Engländer Lamm in Minzsoße. Dass in einem Inselland viel Fisch gegessen wird, verwundert kaum: Lachs und Forelle sind überall zu bekommen, auch Seezunge, Krabben, Langusten und Hummer. Als einfache, typische Gerichte sind Scotch Broth (Graupensuppe mit Hammelfleisch) und Cock-o-Leekie (Hühnersuppe mit Lauch) zu nennen. Selbstverständlich sind auch im Norden Britanniens die Schnellrestaurants allgegenwärtig, die Fish & Chips anbieten: Kabeljau (Cod) oder Schellfisch (Haddock) in dicker Panade, dazu Pommes frites, die man gern in Essig tunkt.

Absolute Besonderheit der schottischen Kochkunst stellt jedoch Haggis dar. Fragt der unbedarfte Fremde, was dieses fleischige Etwas sei, so bekommt er manchmal die augenzwinkernde Antwort, das Haggis sei ein scheues, im Hochland lebendes Tier mit kleinem Kopf, und sein Fell ähnle farblich dem Heidekraut. Die Inhalte des Haggis sind tatsächlich von Küche zu Küche unterschiedlich, doch die Innereien des Lamms, Hafermehl, Zwiebeln und pikante Gewürze gehören sicher dazu. Das Ganze wird in einem Hammelmagen gekocht und dann mit gestampften Kartoffeln und weißen Rüben auf den Tisch gebracht. Haggis spaltet die Nation: Die einen lieben ihn, feiern ihn gar am Geburtstag des Nationaldichters Robert Burns (25. Januar), der einst Haggis als »großen Häuptling aller Wurstarten« hymnisch besang. Die anderen verachten Haggis und schämen sich geradezu dafür: Was andere wegwürfen, priesen die Schotten als Nationalgericht! Doch sowohl Gegner als auch Liebhaber mögen grinsen über einen Comicstrip: Da will Donald Duck das Ungeheuer von Loch Ness erforschen, kriegt es aber mit der Angst. Seine Neffen Tick, Trick und Track wollen ihm in einem Laden etwas besorgen, was die Angst vertreibt. Der Verkäufer

Wasser, Wiesen und ein weiter Blick auf die Berge namens Cuillins. Dieser Bauernhof auf der Isle of Skye liegt bei Coillore und garantiert abgeschiedene Ruhe.

rät ihnen zu Haggis. »Ob Haggis, Baggis oder Schnaggis, wir nehmen es«, beschließen die drei Jungs spontan. Ihr Onkel fragt verdutzt: »Ist das was zum Essen oder zum Einreiben...« Nach Haggis muss man, zu allen anderen Angelegenheiten kann man einen echten schottischen Whisky trinken. Die schaumlosen Biere – das pilsähnliche Lager oder das obergärige Bitter – munden. Bis zum Jahr 2005 galt im ganzen Königreich: um 23 Uhr »last order«. Eine letzte Bestellung war möglich, danach durfte nur noch das Glas ausgetrunken werden. Trotz dieser staatlich gelenkten Volkserziehung: Schottland kämpft mit einem überdurchschnittlichen Alkoholproblem. Das betrifft alle Bevölkerungskreise. Auch die Schöngeister...

Literaten von Weltruhm

Den Beginn einer schottischen Nationalliteratur setzt man allgemein bei John Barbour (1316–1395) mit seinem Werk über König Robert I. an, dem Epos »The Bruce«. Thema war der schottische Freiheitskampf gegen den starken Bruder England. Literarische Glanzleistungen vollbrachte der Schriftsteller Sir Walter Scott (1771–1832). Der Rechtsanwalt veröffentlichte zunächst von ihm gesammelte Volksballaden, bevor er mit seinen historischen Romanen (etwa über den schottischen Robin Hood »Rob Roy« oder den »Ritter Ivanhoe«) Berühmtheit erlangte. Scott war ein Bestsellerautor, doch der Bankrott seines Verlegers bescherte ihm 13 000 Pfund Schulden. Er arbeitete sie ab, Buch für Buch, starb aber auf seinem Schloss Abbotsford, erschöpft von einem Schlaganfall, den er sich während einer Reise durch Deutschland zugezogen hatte.
Zur Weltliteratur trugen noch andere Schotten bei: Robert Louis Stevenson (1850–1894) zum Beispiel mit seinem Krimi »Dr. Jekyll und Mr. Hyde« oder seiner Piratengeschichte »Die Schatzinsel«, oder Sir James Matthew Barrie (1860–1937), der die fantastische Geschichte von »Peter Pan«, dem Jungen, der nicht groß werden wollte, schuf. Die Erlebnisse des Schotten Alexander Selkirk brachten einen anderen zu Ruhm: Selkirk war 1704 auf der Pazifikinsel Juan Fernandez ausgesetzt worden und hatte dort vier Jahre lang festgesessen. Er erzählte

davon dem englischen Schriftsteller Daniel Defoe (1659–1731), der uns mit den Abenteuern des Robinson Crusoe beschenkte.
Den eigentlichen schottischen Nationaldichter kann man nur als Draufgänger bezeichnen: Der Landarbeitersohn Robert Burns (1759–1796) soll 15 Kinder gezeugt haben (davon nur vier mit seiner Ehefrau), galt als hartgesottener Trinker und starb siebenunddreißigjährig am rheumatischen Fieber. Doch der »Bauer mit den himmlischen Eingebungen«, wie man ihn respektvoll nennt, verstand es wie kein anderer, dem Volk aufs Maul zu schauen und schottische Lebenslust und Weltanschauung in Verse zu bringen. Von ihm stammen die Worte:

»Schicksal! Willst du mir geben nur
Keks, heile Hosen, Whisky pur,
Und Reime, flott, wie an der Schnur,
Behalt die Reste;
Dein blindes Walten anschau'n nur,
Ist stets das Beste.«

In dieser Tradition scheinen auch die modernen schottischen Autoren zu stehen. Die auch auf dem Kontinent gelesenen Autoren wie Irvine Welsh, geboren 1951, (Trainspotting) oder Iain M. Banks, geboren 1954, schreiben am liebsten über Sex, Drogen und Alkohol. Die gegenwärtig erfolgreichste Autorin der Welt, Joanne K. Rowling, geboren 1965, lebte bis 1997 in Edinburgh als alleinerziehende Mutter von der Sozialhilfe. Die Romane über den Zauberlehrling Harry Potter machten sie zu einer der reichsten Frauen des Landes.
Nicht nur Literaten, auch andere Schotten sind weltbekannt geworden: der Philosoph David Hume etwa (1711–1776) oder Adam Smith (1723–1790), der Begründer der modernen Volkswirtschaft. Die Dampfmaschine erfand der Schotte James Watt (1736–1819). Schottischer Herkunft – und stolz darauf – ist Sean Connery alias »James Bond« oder »William von Baskerville«. Nicht unerwähnt bleiben darf eine Schottin, die in zahlreichen Spielfilmen ungezählte Kinderherzen bewegte: die Hündin Lassie, berühmteste Vertreterin der Collie-Rasse.

Von Pikten und Scoten

Wann genau die ersten Siedler – vom Festland kommend – Schottland erreichten, lässt sich nicht mit Sicherheit sagen: vielleicht schon zwischen 4000 und 2500 vor Christus. Ins 8. Jahrhundert vor der Zeitrechnung datieren die Archäologen die ersten Hügelbefestigungen. Zahlreiche kulturelle Spuren hinterließ der Stamm der Pikten, der sich im 5./4. Jahrhundert vor Christus über den Norden Britanniens

Das traditionsreiche Tweedhouse Campbell & Company wurde 1858 in Beauly bei Inverness gegründet und ist bis heute in Familienbesitz. Zahllose Ballen mit Tweed in den verschiedenen Farben, Mustern und Qualitäten sind immer auf Lager.

ausbreitete. Ob sich der Name der Pikten aus der Bezeichnung für »die Bemalten« (wie bei Piktogramm) herleitet – sie waren tätowiert – muss offen bleiben. Als Cäsar 54/53 vor Christus mit seinen Truppen in Britannien einmarschierte, vermochte er die Pikten nicht zu unterwerfen. Die Römer gaben schließlich auf und errichteten im 2. Jahrhundert Grenzwälle zum nördlichen Teil der Insel (Hadrian's Wall).

Im 5. Jahrhundert drangen von Irland her Scoten nach Schottland vor. Sie eroberten im 9. Jahrhundert das Piktenreich, gründeten das Königreich Alba und gaben dem Land ihren Namen. Zwei Britenkönigreiche im Süden, Strathclyde und Lothian, wurden dem Reich einverleibt. Die Scoten sprachen Gälisch, die Pikten Piktisch; beide Sprachen hinterließen ihre Spuren in der schottischen Kultur. Parallel zur Herrschaft änderte sich auch die Religion der Menschen. 563 war der irische Mönch Columban mit seinen Gefährten nach Schottland gekommen. Diese christianisierten eifrig, und bald wurden von dort aus Missionare nach Mitteleuropa gesandt, um den neuen Glauben zu verkünden.

Raubzüge der Normannen, die sich auf den Inseln festgesetzt hatten und immer wieder ins Land einfielen, konnten zurückgedrängt werden. Doch Gefahr lauerte im 11. Jahrhundert im Inneren des Reiches: Das Volk, in Sippen – Clans – organisiert und von Chiefs – Stammeshäuptlingen – geführt, wurde durch König Duncan geeint. Die Clans büßten zunehmend an Einfluss ein. Der Heerführer Macbeth tötete seinen König Duncan und setzte sich selbst auf den Thron; schließlich fiel er im Kampf gegen Duncans Sohn Malcolm III. Malcolm heiratete 1068 Margaret, die Schwester des englischen Thronanwärters Edgar. Damit setzte eine Anglisierung Schottlands ein: Einige Errungenschaften der kulturell weiter entwickelten Engländer hielten im Norden Einzug, allerdings wuchs auch die Begehrlichkeit der Engländer, Schottland zu besitzen. Es sollte eine lange andauernde Periode der Bruderzwiste beginnen, die sich manchmal zu blutigen Schlachten steigerten.

Beispielloser Bruderzwist

1296 beispielsweise führt der englische König Edward I. Krieg gegen die Schotten. Ihm genügt nicht der Sieg allein; als Symbol der Unterwerfung raubt er den Schotten den Stone of Scone (oder Stone of Destiny), einen Stein, auf dem seit 839 die schottischen Könige gekrönt worden waren. Um die Demütigung perfekt zu machen, lässt er diesen Stein unter dem englischen Thron in Westminster Abbey einbauen. Bis der britische Premierminister John Major ihn 700 Jahre später, am 15. November 1996, den Schotten feierlich zurückgeben wird, haben die beiden Völker noch manche Auseinandersetzung zu bestehen...
Im Jahr nach der schmählichen Niederlage, 1297, schlägt Sir William Wallace, genannt Braveheart, die Engländer. Sein Schicksal ist 1995 durch den Hollywoodstreifen mit Mel Gibson in der Hauptrolle populär geworden: Braveheart muss vor den Engländern fliehen, wird sieben Jahre lang verfolgt, gefangen genommen und geköpft. Seine Glieder schickt man zur Abschreckung durch schottische Lande. Doch König Robert Bruce, seit 1306 im Amt, gibt den Widerstand gegen England nicht auf. 1320 kann er mit einer Art Unabhängigkeitserklärung, der Declaration of Arbroath (vom Abt des Klosters Arbroath verfasst), die offizielle Anerkennung des schottischen Königreiches erzwingen. Nur, die ersehnte Ruhe kehrt damit nicht ein.
Mit Robert II., der 1371 gekrönt wird, beginnt die Herrschaft des Geschlechts der Stewarts, die sich später Stuart schreiben; sie dauert bis 1714. James IV. (1488–1513) stärkt die diplomatische Verbindung zum französischen Königshaus, die »ould alliance«. Er ehelicht Margaret Tudor, die Tochter des englischen Königs Heinrich VII. Die Völker genießen eine Ära friedlicher Koexistenz beider Königreiche. Doch lange währt sie nicht. Denn als Heinrich VIII. König von England wird, zieht er gegen Frankreich in den Krieg und erwartet von James eine Entscheidung zu seinen Gunsten. James aber steht zu seiner französischen Freundschaft. Daraufhin fordert ihn Heinrich 1513 bei der Schlacht zu Flodden heraus und vernichtet sein Heer – James stirbt.

Die tragische Königin

Dessen Sohn und Nachfolger, James V., heiratet eine Französin. Die gemeinsame Tochter ist jene Maria Stuart, deren Schicksal bis heute bewegt: Durch den frühen Tod ihres Vaters wird sie als Kind zur Königin gekrönt. Da ihre Mutter sie dem französischen Dauphin zur Frau verspricht, und nicht dem Sohn Heinrichs VIII., greift der englische Monarch Schottland an.

Bei Grosebay auf der Isle of Harris markieren Farmer ihre Lämmer. Schafe zählt man in Schottland mindestens doppelt so viele wie Menschen.

Maria wächst in Frankreich auf, verwitwet, kehrt nach Schottland heim und heiratet erneut. Ihr Mann lässt aus Eifersucht ihren Sekretär umbringen, Maria veranlasst die Tötung ihres Mannes und heiratet dessen Mörder. Man drängt sie zum Verzicht auf die Krone. Maria verbringt schließlich 18 Jahre in englischer Gefangenschaft; 1587 wird sie enthauptet.
Ein Jahr vor Marias Rückkehr hatte ein neuer Glaube in Schottland Einzug gehalten: die calvinistische Reformation unter Führung von John Knox. Der Adel bekannte sich zu dieser strengen Form des Protestantismus, das Königshaus blieb katholisch; Konflikte waren vorprogrammiert. 1560 billigte das schottische Parlament das Bekenntnis der »Kirk of Scotland«, die Staatskirche wurde. Maria Stuarts Sohn, James VI., besteigt während der Gefangenschaft seiner Mutter in Edinburgh den Thron und erbt nach dem Tod der kinderlosen Königin Elisabeth I. auch die englische Krone: Dort zählt er als James I. Er residiert in London. Die beiden Kronen sind vereint.
Während des englischen Bürgerkriegs macht Oliver Cromwell, der Führer der Republikaner, Schottland für sieben Jahre zum Protektorat. 1660 kann sich die Stuart-Monarchie noch einmal restaurieren, doch dann wird der katholische König 1688 abgesetzt und Katholiken grundsätzlich von der Thronfolge ausgeschlossen. 1707 geht Schottland durch die Vereinigung der Parlamente von Edinburgh und London im englischen Königreich auf: »Great Britain« ist entstanden.

Ein letztes Aufbäumen

Doch der schottische Widerstand ist noch nicht ganz erloschen. 1745 kommt der in Italien lebende Sohn des exilierten Königs Jakob VII. heimlich in seine schottische Heimat zurück: Charles Edward Stuart, allseits bekannt und beliebt als Bonnie Prince Charlie. Ihm gelingt es, die schottischen Clans noch einmal zu einen und zum Kampf gegen die englische Vorherrschaft zu bewegen. Schnelle Siege überraschen die Engländer – und ihn selbst. Bis weit ins englische Kernland dringt er erfolgreich vor, zieht sich jedoch wieder zurück; englische Truppen folgen ihm. Im April 1746 kommt es zur Entscheidungsschlacht bei Culloden. Ein kurzes Gemetzel reibt die Schotten vollständig

auf und vernichtet jegliche Hoffnung auf eine erneute Unabhängigkeit Schottlands. Durch die Hilfe der mutigen Pächterstochter Flora MacDonald kann Bonnie Prince Charlie fliehen, sie bringt ihn listig über die feindlichen Linien, Bonnie Prince Charlie schifft sich wieder nach Italien ein, wo er verbittert den Rest seines Lebens verbringt. England bestraft die Schotten hart: Das Clansystem wird zerschlagen, schottische Symbole werden verboten: Gälisch darf nicht gesprochen, der Dudelsack nicht gespielt, der Kilt nicht mehr getragen werden.

Symbol schottischer Identität

Der Schottenrock entstand aus einem großen Wolltuch, das einst von der Schulter bis zum Knie reichte. Ab dem 16. Jahrhundert wurde es in Falten um den Körper gelegt (kilted) und gegürtet. Eine »kilt pin« (die Rocknadel) hält den Kilt vorne zusammen. Der »sporran«, früher ein Polster, das dazu diente, die Männlichkeit zu schützen, ist längst zu einer kleinen Tasche umfunktioniert worden. Unter dem Kilt trug man übrigens in alter Zeit gestärkte Hemden aus Hochlandwolle, heute ganz undramatisch Unterwäsche. Im schottischen Alltag begegnet man kaum noch kilttragenden Männern. Traditionsbewusste Herren kleiden sich zu besonderen Anlässen damit, an Feiertagen, zu einer Hochzeit oder Graduation. Auch junge Männer wickeln sich einen Schottenrock um. Anscheinend hängt das mit schottischer Erbmasse zusammen, wie es der Schriftsteller Eric Malpass in seinem Roman »Morgens um sieben ist die Welt noch in Ordnung« humorvoll ausdrückt: »Wie die meisten Engländer hielt Papa die Schotten für einen der komischsten, wenn auch vielleicht nicht feinsinnigsten Scherze des Allmächtigen. Doch wie alle Engländer mit einem Tropfen schottischen Bluts in den Adern erfüllte ihn das mit Stolz; er träumte heimlich davon, mit einem Kilt angetan, bis zu den Knöcheln durch das Heidekraut zu waten.«
Die Muster des karierten Schottenstoffs nennt man Tartan; sie unterscheiden sich in Design und Farben von Clan zu Clan. Die Tartanvielfalt geht jedoch nicht auf jahrhundertealte Tradition zurück, sondern auf die Wiedererweckung des schottischen Nationalbewusstseins durch Walter Scott. Als 1822 König Georg IV. Schottland besuchte, brachte Scott die Clanführer dazu, zum königlichen Empfang im (seit Culloden eigentlich verbotenen) Kilt zu erscheinen. Scott vermochte sogar den König zu überreden, den Kilt anzulegen: Der Schottenrock galt wieder als erlaubt, er wurde zum schottischen Identitätsmerkmal schlechthin. Daraufhin wurden – und werden bis heute – eine Fülle neuer Muster entworfen. Der Balmoral Tartan,

»Ich komme aus meinem Haus in ihren Palast«, soll Queen Victoria gesagt haben, als sie 1872 Dunrobin Castle besuchte, das Stammschloss der Herzöge und Grafen von Sutherland, an der Nordseeküste der Northwest Highlands gelegen. Die Dynastie der Sutherlands galt vor rund hundert Jahren als größter Grundbesitzer Westeuropas. Einer der 180 Räume des Schlosses beherbergt die Bibliothek.

benannt nach der Residenz von Königin Victoria, ist seit 1936 den Royals vorbehalten.

Das 19. Jahrhundert ist von großer Landflucht geprägt. Großgrundbesitzer vertreiben Kleinbauern und Pächter, um Platz für riesige Schafherden zu schaffen. Viele der landlos Gewordenen wandern aus in die neue Welt. In den USA bleiben manche arm, andere bringen es zu Wohlstand. Berühmtes Beispiel: Andrew Carnegie. Der Weberssohn aus Dunfermline kommt nach Pittsburgh und arbeitet sich zum Großfabrikanten hoch: Sein Firmenimperium erwirtschaftet mit Öl, Stahl, Eisenbahn- und Brückenbau Milliarden Dollar. Carnegie ist zu seiner Zeit als knallharter Geschäftsmann berüchtigt, der mit rauen Methoden seine Angestellten ausbeutet. Doch auch als Wohltäter soll er bekannt werden: Er stiftet großzügig Vermögen für die Lehrerausbildung, für Büchereien, für die Friedensforschung, und er lässt in New York die nach ihm benannte Carnegie Hall errichten.

Ein eigenes Parlament

Die 1934 gegründete Scottish National Party (SNP) setzt sich für die Unabhängigkeit Schottlands ein. Jahrzehnte später – 1979 – wird eine Forderung erfüllt: Die britische Regierung lässt die Schotten über die Unabhängigkeit des Landes abstimmen. Doch dafür gibt es beim Referendum keine Mehrheit. Symbolisch nur war der Akt der Rückgabe des Stone of Scone 1996. Im darauffolgenden Jahr wird der Schotte Tony Blair britischer Premierminister. 1997 setzt er ein Wahlversprechen in die Tat um und lässt die Schotten über eine Teilautonomie ihres Landes abstimmen. Fast 75 Prozent sprechen sich dafür aus. 1999 finden die ersten Wahlen zum (wiedereingerichteten) Parlament in Edinburgh statt.

Dieses Parlament regiert ein industrialisiertes Land, das Maschinen, Schiffe, chemische Produkte und Textilien produziert. Die Herstellung von Computern hat den Exportschlager Whisky mittlerweile überflügelt. Zum schottischen Wohlstand trägt auch jene Einstellung bei, die Außenstehende schnell Geiz, Einhei-

mische jedoch eher kluge Sparsamkeit nennen. Zum einen hat man in dieser kargen Heimat nichts zu verschwenden. Zum anderen mag eine Episode aus dem 14. Jahrhundert zum Mythos vom knauserigen Schotten beigetragen haben. Damals entzog sich der schottische König David II. geschickt englischen Reparationsforderungen und zahlte London viel weniger als gefordert. Geiz oder Klugheit? Verschmitzt formulierte der Schriftsteller Theodor Fontane über seine Schottlandreise, bei der er viel mit dem Zug unterwegs gewesen war: »Der Engländer fährt nur dritter Klasse, wenn er muss, der Schotte wenn er kann.«

Schottland ist ein ideales Reiseland. In Hotels oder auf malerisch gelegenen Campingplätzen, in gemütlichen Bed-&-Breakfast-Pensionen oder in Ferienhäusern heißt man die Besucher gern willkommen. Wenn man wieder heimkehrt, wird man wunderbare Erinnerungen und sicher auch ein Souvenir mitnehmen. Als solches eignet sich nicht nur eine Flasche Whisky, sondern auch ein Pullover aus Shetlandwolle, eine Krawatte im Paisleydesign oder ein Tweedstoff im Tartanmuster. Wer das Ausgefallene sucht, kann jenes Instrument erwerben, dessen Klang dem Schrei einer heiseren Katze gleicht (wie Zyniker behaupten): einen Dudelsack. Übrigens keine schottische, sondern eine asiatische Erfindung, jedoch wird die »Bagpipe« mindestens seit dem 14. Jahrhundert in Schottland geblasen und ist das schottische Wahrzeichen schlechthin. Schottland – ein Land mit Charakter: Die Natur zeigt abwechslungsreiche Gesichter, ebenso die Menschen dort. Diese verfinstern sich allerdings, wenn ein Fremder die Schotten leichtfertig Engländer nennt …

Seite 22/23:
Eine Bilderbuchburg, wie man sie nur in Schottland finden kann: Eilean Donan Castle, malerisch auf einem Felsvorsprung im Loch Duich an der Westküste gelegen, dürfte in der Rangliste der meistfotografierten Märchenschlösser einen der obersten Plätze einnehmen.

Seite 24/25:
Dass Whisky gleich Whisky sei, kann nur jemand annehmen, der noch nie in Schottland war. Hunderte von Whiskies bietet diese Bar im Craigellachie Hotel in Grampian an, denn das »Wasser des Lebens« mundet in unzähligen Nuancen.

BENRIACH
SINGLE MALT
AGED 10 YEARS
BENRINNES
RARE MALTS
NATURAL CASK STRENGTH
21
BENRINNES
12
BENROMACH
Single Speyside Malt
SCOTCH WHISKY
15
BENROMACH
Single Speyside Malt
SCOTCH WHISKY
CASK
SCOTCH WHISKY
BENROMACH
100
CENTENARY
1898–1998
BENROMACH
BLADNOCH
RARE MALTS
23
BLADNOCH
J&B
TEACHER'S
KNOB CREEK
CALDER'S
70/-

BOWMORE
ARDMORE
the quaich

Sanfte Hügel und Klosterruinen – die Lowlands

»My own honest grey hills« nannte der berühmte schottische Romancier Sir Walter Scott diesen Ausblick vom River Tweed ins Borderland hinein, etwa »meine heimatlichen naturbelassenen grauen Hügel«. In den vergangenen 200 Jahren hat sich an diesem malerischen Landschaftsbild nichts verändert. Dem Schriftsteller zu Ehren heißt der beliebte Aussichtspunkt bis heute Scott's View.

Der römische Kaiser Hadrian ließ im 2. Jahrhundert zwischen Carlisle und Newcastle eine Grenzbefestigung zum Schutz gegen die Völker Nordbritanniens errichten. Jenseits des Hadrian's Wall liegen sattgrüne Weideflächen und Wälder, ab und zu ein beschauliches Dorf; hier bilden die Borders das Grenzland zwischen England und Schottland. Doch die Romantik der sanften Hügel trügt, denn diese Erde ist blutgetränkt von den Schlachten zwischen Pikten und Römern, Briten und Scoten, Scoten und Wikingern, Schotten und Engländern.

Wie heranrollende Wellen eines Ozeans wirken die Berge der Southern Uplands, heidekrautbewachsener Erhebungen mit bis zu über 800 Metern Höhe. Das Land wird durchzogen von zahlreichen Flüssen, etwa dem Clyde, dem Tyne oder dem mit 160 Kilometern längsten, dem Tweed. Urwüchsige Landschaften, kulturelle Highlights und auch typisch schottische Eigenarten erwarten den Reisenden in den Lowlands: Etwa das Hochzeitsparadies Gretna Green, wo man früher einmal ohne Pfarrer und Einwilligung der Eltern heiraten konnte, oder Schloss Abbotsford, ehemals Wohnsitz des weltberühmten Schriftstellers Sir Walter Scott, nach dem ein ganzer Landstrich seinen Namen erhielt: Scott's Country. Klosterruinen wie Melrose, Kelso, Dryburgh und Jedburgh Abbey zeugen von großer Vergangenheit. Die Provinz Dumfries and Galloway mit ihren Moorgebieten, dem Acker- und Weideland wird vor allem landwirtschaftlich genutzt. Doch zwischendurch finden sich immer wieder Perlen: noble Herrenhäuser mit prächtigen Parks, oder der Fischerhafen Kirkcudbright, der sich zur Künstlerkolonie entwickelte.

Die Central Lowlands bilden die sogenannte mittelschottische Senke. Mit der Hauptstadt Edinburgh und der größten Stadt Schottlands, Glasgow, befindet sich hier die bevölkerungsreichste Region, das wirtschaftliche und kulturelle Zentrum des Landes.

Seite 28/29:
Hermitage Castle wurde im 14. Jahrhundert im schwer umkämpften Grenzgebiet zu England erbaut und hat den Ruf, eine der unheimlichsten Burgen Schottlands zu sein. Sie war bekannt als „Wachhaus des blutigsten Tals Britanniens“.

Unten:
Auch als Ruine erzählt die Kirche der Jedburgh Abbey von der großen Vergangenheit des Klosters. Im Jahre 1153 wurde an diesem Ort Malcolm IV. zum König von Schottland gekrönt. Die Engländer zerstörten die Abtei 1545 endgültig, weil ihnen die Mönchszentren wirtschaftlich zu stark waren.

Rechts oben:
Dryburgh Abbey gründeten um 1150 Prämonstratensermönche. Wie die umliegenden Abteien legten die Engländer auch diese Anlage in Trümmer – was dem betörenden Charme dieses Ortes jedoch keinen Abbruch tut.

Rechts Mitte:
Sir Walter Scott empfing in den Überresten der Abtei Dryburgh so viel Inspiration, dass er die Kirchenruine zu seiner Begräbnisstätte bestimmte. Seine letzte Ruhe fand er in einem einfachen steinernen Sarkophag im nördlichen Querschiff.

Rechts unten:
»Und willst du des Zaubers sicher sein / So besuche Melrose bei Mondenschein«, dichtete Theodor Fontane Walter Scott nach. Auch Melrose Abbey entkam der Vernichtung nicht, doch das, was noch übrig blieb, zeugt bis heute von der hohen Kunst der Architekten und Steinmetze, die hier ab dem 12. Jahrhundert am Werk waren.

Oben:
Ganz nach den Plänen des Eigentümers, pittoresk und verspielt, wurde Anfang des 19. Jahrhunderts Abbotsford House erbaut, der Wohnsitz des Literaten Sir Walter Scott. Dieser Bau prägte den späteren viktorianischen Baronialstil, in dem man an Türmen, Erkern, Zinnen und Kuppeln nicht sparte.

Rechts:
Die Salons im Innern des Abbotsford House glichen schon zu Lebzeiten Scotts einem Museum, denn er sammelte alles, was historische Erinnerungen weckte: von einer Locke Bonnie Prince Charlies über Ritterrüstungen bis zum perlmutternen Brustkreuz, das Maria Stuart bei ihrer Hinrichtung getragen haben soll.

Oben:
Kein Raum gleicht dem anderen in dieser »Romanze aus Stein und Mörtel«, wie Sir Walter Scott Abbotsford House selbst bezeichnete. Der »Drawing Room« ist mit Tapete und Bildern prachtvoll ausgestattet.

Links:
Im Arbeitszimmer von Abbotsford House können die Schreibwerkzeuge bestaunt werden, mit denen Scott Dutzende von Romanen verfasste; »a writing automaton« nannte er sich selbst, eine Schreibmaschinerie. Scotts Werke, die einmal äußerst populär waren, stehen nicht mehr auf den Bestsellerlisten, doch sie erreichten ihr Ziel: das Wiedererstarken eines schottischen Selbstbewusstseins.

Links oben:
Die Schotten mögen Paraden. Ihre Lust an öffentlichen Aufmärschen lassen sie sich durch Niederschläge nicht verderben. Auch wenn das Common Riding in Selkirk im Regen ertrinkt, man erfreut sich an diesem Spektakel. Die Sonne wird schon wiederkommen, und im Pub lässt es sich gut trocknen.

Links Mitte:
Am Haggis scheiden sich die Geister: Einzigartige Spezialität oder ekelerregende Resteverwertung? Stolz präsentiert der Metzger Lindsay Grieve

seinen Champion Haggis, mit dem er mehrere Auszeichnungen gewann. Wer Schottland bereist, sollte jenes Nationalgericht probieren, das überwiegend aus Innereien des Schafs besteht. Erst dann kann er sich auf eine Seite schlagen: Freund oder Feind »des Häuptlings aller Wurstarten«, wie Robert Burns ihn pries.

Links unten: *Vor Abbotsford House hält dieser West Highland White Terrier Wache. Dieser Hund, kurz »Westie« genannt, ist trotz seiner geringen Größe ein mutiger und zuverlässiger Jagdhund. In jüngerer Zeit ist er auch außerhalb Schottlands als ruhiger und treuer Familienhund beliebt.*

Unten: *Blau das Firmament, blau der Fluss, und beide verschmelzen, sich begegnend, zu strahlendem Weiß! Ruhig und beschaulich zieht der Tweed durch die Borders, bevor er in die Nordsee mündet. An seinen Ufern liegen bezaubernde Ortschaften, wie etwa das im georgianischen Stil erhaltene Städtchen Kelso.*

Unten:
Wenn das Meer pinkfarben funkelt, dann herrscht Morgenstimmung am Firth of Forth, einem großen Nordseefjord in Mittelschottland.

Rechts:
Der Smailholm Tower – eines von ungezählten Relikten der Vergangenheit, wie man sie überall in Schottland findet. Der Blick öffnet sich in weites, sanftes Land, das kein Ende zu nehmen scheint.

Rechts:
Die Provinz Dumfries and Galloway im Südwesten Schottlands zeichnet sich durch den Wechsel von flachen Weideflächen und monumentalen Erhebungen aus. Bei Durisdeer befindet sich das Potrail Water Valley.

Oben:
»Queen of the South« nennt sich die kleine Verwaltungshauptstadt der Region Dumfries and Galloway selbstbewusst. Ein Spaziergang durch die engen Gassen von Dumfries lohnt und führt sicher auch zum Pub »The Globe Inn«.

Rechts:
The Globe Inn schmückt sich mit Robert Burns, seinem berühmtesten Gast, der hier manches Glas leerte. Der Poet rühmte den Whisky als Gabe, die ihm Erleuchtung schenkte, bevor er im Alter von nur 37 Jahren verstarb. Vielleicht küsst die Muse in dieser Stube immer noch jene, die hier Burns zu Ehren vom »Lebenswasser« trinken.

Links:
Seine Freunde John Davidson und Douglas Graham aus Kirkoswald verewigte Robert Burns in den Versen über Souter Johnnie und Tam O'Shanter. Das Cottage des Schusters Johnnie ist erhalten geblieben.

Unten:
Auf tausend Einwohner von Alloway kommen jährlich hunderttausend Besucher, denn hier kam Burns zur Welt. Die Brücke – »Brig o'Doon« – spielt die entscheidende Rolle im Epos über den betrunkenen Reiter Tam O'Shanter, der von Hexen verfolgt wird. Da Hexen keine fließenden Gewässer überqueren können, ist diese Brücke seine ersehnte Rettung.

Links:
Robert Adam war im 18. Jahrhundert der berühmteste schottische Architekt und ein in ganz Europa angesehener Meister des Klassizismus. Als sein gelungenstes Bauwerk kann Culzean Castle am Firth of Clyde betrachtet werden: Außen die nachempfundene Trutzigkeit mittelalterlicher Burgen, innen die raffinierte Eleganz eines Schlosses an der Loire.

Rechts:
Die klassizistische Architektur des ovalen Treppenhauses mit doppelgeschossiger Säulengalerie lässt jeden Besucher ehrfürchtig staunen und den Erbauer von Culzean Castle, Robert Adam, bewundern.

Kleine Bilder links:
Culzean Castle ziert die 5-Pound-Note der Bank of Scotland und ist seit 1945 das offizielle Gästehaus der Nation. Als prominentester Gast konnte der amerikanische Präsident Eisenhower hier beherbergt werden; nach ihm sind die »Eisenhower Apartments« (ganz links, oben und unten) in der obersten Etage benannt. Eisenhower speiste bestimmt auch in der verschwenderischen Pracht des Dining Room (oben). Der bescheidene Luxus des Ankleideraums mit Wanne (unten) entspricht hingegen den weniger anspruchsvollen Bedürfnissen zur Entstehungszeit des Schlosses.

Oben:
Die Ruine von Caerlaverock Castle am Solway Firth im Süden Schottlands: Diese Wasserburg aus dem 13. Jahrhundert hat einen ungewöhnlichen, weil dreieckigen Grundriss. Ursprünglich von den Engländern zum Schutz gegen einfallende Schotten erbaut, diente sie nach ihrer Eroberung den Schotten als Grenzfestung gegen England.

Rechts:
Nicht nur Berge, Wasser und weite Wiesen gehören zum vielfältigen Gesicht Schottlands: Geruch und Gefühl des Waldes lassen sich bei einer Wanderung im alten Caledonian Forest bei Dunoon erfahren. Caledonia nannten die Römer den Norden Britanniens.

Links:
Der erhabenste Anblick, der sich einem Schotten bieten könne, sei doch wohl die Landstraße, die ihn nach England führt, meinte einst ein englischer Gelehrter. Dass man eigens durch England nach Schottland reist, um ruhige Ausblicke wie diesen auf einen Hof bei Girvan genießen zu können, hätte ihn wohl gewundert.

Unten:
Die Residenz Holyrood Palace in der Hauptstadt Edinburgh ging als Ort eines Verbrechens in die Historie ein. Hier ermordete der Gatte Maria Stuarts, Lord Darnley, 1566 aus Eifersucht den Sekretär seiner Gemahlin, David Riccio. Das heutige Bauwerk stammt aus dem 17. Jahrhundert.

Links oben und Mitte: *Nach dem Tower in London ist Edinburgh Castle die am häufigsten besuchte Attraktion Großbritanniens. Die Burg hoch über der Stadt, oft umkämpft, ist Sinnbild für den Willen der Schotten, sich nicht unterkriegen zu lassen und ihre nationale Identität zu bewahren. Die Macht der Herrscher Schottlands wird demonstriert durch prunkvolle Inneneinrichtung: der riesige Kamin in der Großen Halle (oben) und das königliche Wappen im Fenster des Speisezimmers (Mitte).*

Links unten:
In der »Mary Queen of Scots Chamber« des Edinburgh Castle wurde Maria Stuart von ihrem einzigen Kind, Jakob VI., entbunden, welcher später als Jakob I. auch König von England wurde.

Unten:
Spiel von Licht und Schatten in der Dämmerung über Edinburghs Altstadt. Vom Calton Hill mit dem Stewart Monument (Dugald Stewart (1753–1828), Mathematiker und Professor für Moralphilosophie) aus liegt dem Betrachter die schottische Hauptstadt zu Füßen. Theodor Fontane zögerte nicht, Edinburgh »das Athen des Nordens« zu nennen.

Maria Stuart – die tragische Königin Schottlands

Eine Story, wie sie sich kaum ein Drehbuchautor besser hätte ausdenken können: Die Biografie der Maria Stuart bietet Sex and Crime, Machtspiele und Leidenschaften, Verwicklungen und Verdächtigungen, kurz, all das, was Spannung verheißt. In der Mitte tritt zwar ein gewisses Abflauen der Ereigniskurve ein, doch am Ende wartet ein dramatisches Finale. Dazu soll die Hauptdarstellerin überaus anziehend gewirkt haben. Ein Dichter ihrer Zeit schmiedete den schmachtenden Vers: »Gebt euch zufrieden, meine Augen / Ihr werdet nie wieder etwas so Schönes sehen.«

Geboren wurde Maria am 8. Dezember 1542 in Linlithgow als Tochter der Französin Mary Guise von Lothringen und des schottischen Königs James V.; dieser starb eine Woche nach ihrer Geburt. Der englische König Heinrich VIII. strebte eine Heirat des Mädchens mit seinem fünf Jahre älteren Sohn Edward an, doch im zarten Alter von neun Monaten krönte man Maria zur Königin von Schottland. Dadurch verschärfte sich der Konflikt zwischen England und Schottland, und Heinrich ließ seine Truppen die Borders und Edinburgh angreifen und verwüsten.

Rückkehr in eine fremde Heimat

Im Alter von sechs Jahren kam Maria nach Frankreich, wo sie erzogen wurde, um den französischen Thronfolger zu heiraten. Hier änderte sie später die Schreibweise ihres Namens von »Stewart« in »Stuart«, weil sich das auf französisch besser aussprechen lässt. Mit 17 Jahren heiratete Maria den Dauphin Franz II. Doch schon im folgenden Jahr verwitwete sie. Maria kehrte 1561 nach Schottland zurück. Ihre Heimat aber hatte sich zwischenzeitlich gravierend verändert: Durch John Knox, einen strengen und finsteren Mann, der den Spitznamen »Killjoy« – »Freudentöter« – trug , war die calvinistische Reformation eingeführt worden. Die katholische Religion unterdrückte und bekämpfte man. Die katholisch getaufte Königin kam als Fremde in ihre Heimat zurück. 1565 ehelichte sie ihren Vetter Henry, Lord Darnley. Mehr Zeit als mit ihrem Gemahl verbrachte sie allerdings mit ihrem persönlichen Sekretär David Riccio aus dem Piemont. Mit ihm las Maria Gedichte und sang Madrigale. Aus Eifersucht und Angst, Riccio sei ein »papistischer« Agent, ließ ihn Lord Darnley an einem Samstagabend, am 9. März 1566, ermorden. Im gleichen Jahr gebar Maria ihr einziges Kind: James VI. Doch Herz und Sinn der Monarchin richteten sich auf andere Dinge.

Als am 10. Februar 1567 Lord Darnley erwürgt aufgefunden wurde, verdächtigte man als Täter Lord Bothwell, den engsten Berater Marias – und dahinter als Drahtzieherin die Königin selbst. Maria vermählte sich noch in der Trauerzeit, am 15. Mai 1567, mit Lord Bothwell, dem Mörder ihres Gatten. Die Empörung des Volkes eskalierte: »Burn the whore« schrie der Mob, »verbrennt die Hure!« Angeblich zu ihrer eigenen Sicherheit, tatsächlich, weil es besser in ihr Kalkül passte, ließ die Lordschaft ihre Königin auf die Inselburg Loch Leven Castle verbringen. Die Königin als Gefangene in ihrem eigenen Land dankte zwei Monate später, am 24. Juli 1567, ab. Den Sohn entriss man ihr, salbte James zum König und setzte den Earl of Moray, den protestantischen Stiefbruder der Königin, als Regenten ein.

Flucht und erneute Gefangenschaft

Doch immer noch sorgten sich Getreue um das Wohl Marias. Lord George, ein Sohn von Marias Wächterin Lady Douglas zu Loch Leven, verhalf ihr am 2. Mai 1568 zur heimlichen Flucht aus der Burg. Elf Tage darauf kam es zur Schlacht bei Glasgow, Stuart gegen Stuart, Anhänger des Regenten gegen Anhänger der Königin. Moray siegte, Maria floh drei abenteuerliche Tage lang. In Dundrennan Abbey gab sie auf und verbrachte ihre letzte Nacht auf schottischem Boden. Am 16. Mai 1568 verließ sie Schottland – für immer. Damals war sie noch eine junge Frau, 25 Jahre alt. Sie konnte wohl kaum ahnen, dass sie fortan fast zwanzig Jahre lang Gefangene ihrer Rivalin, der englischen Königin Elisabeth I., sein würde. Den englischen Katholiken nämlich galt Maria als rechtmäßige Erbin des englischen Throns, nachdem Heinrich VIII. die englische Kirche von Rom getrennt hatte. So bedeutete Maria für Elisabeth eine politische Belastung. Sie ließ Maria unter dem Vorwand einer angeblichen Verschwörung am 8. Februar 1587 in Fotheringay hinrichten.

Links:
Maria Stuart mit Lord Darnley, ihrem Vetter, den sie 1565 ehelichte. Am 10. Februar 1567 wurde Darnley erwürgt aufgefunden.

Oben:
Linlithgow Palace gilt als das Versailles der Könige Schottlands und ist der Geburtsort von Maria Stuart – rechts die St. Michael's Church.

Marias Sohn wurde später auch König von England. Er nahm – als schottischer König James VI. und englischer König James I. – seinen Thronsitz in London und vereinigte die beiden Länder unter einer Krone. Die britische Flagge, der »Union Jack«, drückt das durch die beiden miteinander verbundenen Kreuze aus: das schottische Andreaskreuz und das englische Georgskreuz.

Rechts oben:
Ein zeitgenössisches Porträt von Maria Stuart als junge Witwe. Ihr Gatte Franz II., der Dauphin von Frankreich, starb, als sie erst 18 Jahre zählte.

Rechts Mitte:
Die Hinrichtung. Im Dezember 1586 war das Todesurteil gegen Maria Stuart verkündigt worden. Elisabeth unterzeichnete es am 1. Februar 1587. Eine Woche später wurde es vollstreckt.

Rechts:
Nördlich von Perth, wo bis 1452 die schottischen Könige residierten, liegt Scone Palace. Hier befand sich im Mittelalter eine Augustinerabtei, Krönungsort der schottischen Könige. Bei der Zeremonie nahmen sie auf einem unbearbeiteten Sandstein, dem »Stone of Scone« Platz. Im Palast werden auch Repliken der schottischen Krönungsinsignien ausgestellt.

Rechts:
Die beiden königlichen Residenzen in Edinburgh – die Burg und Holyrood Palace – werden durch die Royal Mile verbunden. An dieser Straße reihen sich die Sehenswürdigkeiten der Hauptstadt wie an einer Perlenkette auf. Der fünfzehn Meter hohe Turm Canongate Tolbooth ragt über dem stattlichen Gebäude empor, in dem einst die Ratsversammlung tagte.

Unten:
So eng und verwinkelt wie das Innere dieses Hauses wirkten mitunter auch die Gedanken seines einflussreichen Bewohners: Ab 1560 lebte hier der Reformator John Knox, ein eifernder Fundamentalist, der in seiner Strenge und Radikalität mit dem lebensfrohen Martin Luther nicht zu vergleichen ist.

Oben:
Ramsay Gardens ist eine architektonisch reizvolle Altstadtsiedlung oberhalb der Princes Street, der Flaniermeile der schottischen Metropole. Die verwinkelten Gebäude stammen aus dem 18. Jahrhundert.

Links:
Jedem sein eigener Eingang: Treppen führen in die luxuriösen Appartements der Häuser von Ramsay Gardens, die eine prächtige Aussicht über die Stadt und den Firth of Forth haben.

Unten:
Gemälde von Cranach, Rubens, Holbein, Tizian und William Turner, Altarbilder aus dem 15. Jahrhundert und venezianische Malerei aus dem 16. Jahrhundert – die Schottische Nationalgalerie in Edinburgh zeigt Meisterwerke von Weltrang. Und auch das klassizistische Gebäude mit dem ionischen Säulenportal ist sehenswert.

Seite 52/53:
Noch heute imposant: die 1890 eingeweihte Eisenbahnbrücke über den Firth of Forth. Die Eisenträgerkonstruktion mit insgesamt drei dieser rautenförmigen Strukturen misst 50 Meter Höhe und 1,6 Kilometer Länge. Sie war im 19. Jahrhundert eine gefeierte und bewunderte Ingenieurleistung.

Rechts oben:
Nicht immer ist das Wetter in Edinburgh schottisch – vor dem Pub »The last drop« am Grassmarket, dem alten Marktplatz der Stadt, genießt man die Sonne.

Rechts Mitte:
Und wer sich mit Lektüre für den Pub versorgen möchte, findet seine Zeitung fertig gefaltet in der Princes Street in Edinburgh.

Rechts unten:
Scottish Way of Life: Im stilvollen »Deacon Brodie Pub« einkehren, sich über Gott und die Welt austauschen – kurz, das Leben genießen.

Quirlig, bunt und quicklebendig präsentiert sich Glasgow, die größte Stadt Schottlands. Durch aufwändige Renovierungs- und Verschönerungsmaßnahmen konnte die Hafenstadt am Clyde ihren Ruf aufbessern und avancierte 1990 gar zur »Kulturhauptstadt Europas«. Seither lädt sie Menschen von überall her mit dem Slogan ein: »Glasgow smiles better« – »Glasgow lächelt schöner«.

Rechte Seite: »You're welcome!« Wer hätte nicht Lust, sich in Glasgow bei den »City Centre Representatives« zu informieren, die vor dem prächtigen Rathaus in die Kamera lächeln? Sie wissen beispielsweise zu berichten, dass die Gründung der Stadt vor anderthalb Jahrtausenden auf das Kloster des Mönchs Mungo zurückgeht, der seine Klause »Glas Cau« nannte, »grünes Tal«.

1136 legte König David I. den Grundstein zur Kathedrale von Glasgow. Das gotische Gotteshaus fasziniert in seinem Inneren durch das hereinflutende Tageslicht. Geweiht ist der Dom dem Heiligen Kentigern, in dessen Biografie sich Dichtung und Wahrheit mischen. Er lebte im 6. Jahrhundert als Einsiedler und wurde zum Bischof von Glasgow berufen. Die Kirche ist unter dem Namen bekannt, den die Mutter dem Patron gab, als er noch ein Kind war: »Mungo« (Liebling).

City Centre
City Centre
FIRST AID

Unten:
Charles Rennie Mackintosh (1868–1928) prägte als Architekt das Gesicht Glasgows zu Beginn des 20. Jahrhunderts. Mit nur 28 Jahren entwarf er sein Meisterwerk, das Gebäude der Glasgow School of Art. Auch seine über 400 Möbelentwürfe bescherten ihm internationale Anerkennung. Einige seiner Möbel wurden zu Designklassikern und werden heute noch produziert.

Rechts oben:
Zwischen 1896 und 1917 gestaltete Charles Rennie Mackintosh in Glasgow vier Teesalons, für die er das gesamte Interieur bis hin zum Besteck sowie das Auslegeschild entwarf. In einer stark renovierten Form ist der Willow Tea Room in der Sauchiehall Street erhalten geblieben.

Rechts Mitte:
An die Kunstgalerie des Hunterian Museum (Glasgow University) schließt sich das Mackintosh House an, eine Rekonstruktion seines Wohnhauses von 1906 bis 1914 mit über 60 Möbeln. Das Gästezimmer ist mit typischer Mackintosheinrichtung ausgestattet.

Rechts unten:
Nicht nur Museum, sondern ein richtiger Tearoom mit all seinen Genüssen ist der von Charles Rennie Mackintosh entworfene Willow Tearoom.

Berge, Lochs und Burgruinen – die Highlands

»Loch Ness und die Uferstraße, zwischen Buchen und mit den Bergen darüber, gefielen uns über die Maßen. Die Szenerie war so abgelegen und wild, wie man sie sich nur wünschen konnte«, notierte am 30. August 1773 der schottische Lebenskünstler James Boswell in sein Reisetagebuch. Von einem Ungeheuer im See wusste er noch nichts. Die unheimliche abendliche Inszenierung der Ruine Urquhart Castle hätte ihm sicher auch gefallen.

Wer auf dem Kontinent von Schottland spricht, meint in der Regel dessen Highlands: Jene zwei Drittel des Landes, die nördlich der Highland Boundary Falt liegen, einem Graben aus der urzeitlichen Entstehung der Insel, der zwischen dem Tief- und dem Hochland verläuft. Hier findet sich das »typische« Schottland mit atemberaubender Natur. Tiefe dunkle Seen, die Lochs, gehören dazu, und hohe zerklüftete Berge, sowie grüne Täler und karge Moorlandschaften. Der Ben Nevis ragt mit seinen 1344 Metern als höchste Erhebung der britischen Insel empor. Die Baumgrenze liegt hier, der kalten atlantischen Windböen wegen, unter 600 Metern.
An der Küste zum Ozean ziehen sich Fjorde (Firths) und Meeresbuchten weit ins Land. Romantische Buchten, hohe Klippen, wilde Felsen prägen unsere Fantasie vom rauen schottischen Norden. Und diese Vorstellung wird in der Realität nicht enttäuscht! Die Nordseeküste ist sanfter und milder. Auf den sattgrünen Wiesen weiden ab und zu Schafe oder Hochlandrinder, aber Menschen sieht man kaum. Die Highlands sind nur dünn besiedelt.
Wer über die schottische »Traumstraße« A9 reist, wird durch einsame Weiler und hübsche Städtchen kommen: von Stirling über Perth nach Inverness. Der Castle oder Whisky Trail führt von Burg zu Burg oder von Destille zu Destille. Loch Ness, Heimstätte des legendären Ungeheuers, zieht jährlich Hunderttausende Besucher an. Auf dem Hochmoor von Culloden fand 1746 die letzte große Schlacht zwischen Engländern und Schotten statt. Zahlreiche malerische Burgruinen zeugen von den kriegerischen Auseinandersetzungen der Highlandclans untereinander und gegen den Nachbarn England.

Unten:
Auch wer noch nie auf schottischem Boden stand, hat eine Vorstellung von diesem Land im Kopf – eine solche zum Beispiel: Die Burgruine Castle Stalker auf einem Eiland im Loch Linnhe. Der Meeresarm an der Westküste gilt mit seinen Buchten und Inseln als Traum für Segler.

Rechts:
Kilchurn Castle liegt an der Nordspitze des Loch Awe. Im glatten See spiegeln sich die Burgruine und der Berg im goldenen Herbstkleid.

Rechts:
»Der Loch Lomond ist eine schöne, noble Wasserfläche, und es kommt ihm zu, dass er der ‚König der Seen' heißt«, kommentierte Theodor Fontane im Bericht über seine Tour durch Schottland im August 1858. Dieser Einschätzung kann man sich immer noch vorbehaltlos anschließen.

Einem Schlösschen aus dem Bilderbuch gleicht Inveraray Castle. Die vier Ecken des quadratischen Gebäudes bilden runde Türme mit spitzen Helmen, in der Mitte ragt ein massiver Turm empor.

Linke Seite:
Stuart Castle in der Nähe von Inverness ist seit Jahrhunderten der Hauptsitz der Stewart-Familie, aus der eine Vielzahl von schottischen und englischen Königen hervorging. Vor hier aus schaut man auf das Schlachtfeld von Cullodon, auf dem im Jahr 1746, der letzte Versuch zunichte gemacht wurde, den Anspruch der Stuarts auf den Thron durchzusetzen. Heute ist das romantische Schloss ein Hotel, das besonders bei Hochzeitsgesellschaften beliebt ist.

Stilvoll in jeder Hinsicht stellt sich Inveraray dar. Die erste im 18. Jahrhundert planmäßig angelegte Ortschaft Schottlands besteht aus einer Straße, die das Dorf durchzieht. Zur Linken Main Street West, zur Rechten Main Street East. Adrett und nett liegt Inveraray am Loch Fyne.

Oben:
Echt schottisch ist nicht nur das strahlendweiße Blair Castle in den Grampian Highlands; echt schottisch ist auch, dass der Besitzer, der Herzog von Atholl, die einzige Privatarmee Europas unterhält. Die achtzig Angestellten des Hauses paradieren einmal im Jahr mit Kilt und Dudelsack an ihrem Dienstherrn vorbei.

Rechts:
Königin Victoria liebte das schottische Hochland. So erhielt sie von ihrem Gemahl, Prinz Albert von Sachsen-Coburg, dort ein Schloss zum Geschenk: Balmoral Castle. Seither wird das Anwesen als königliche Sommerresidenz genutzt.

Oben:
Erst Anfang des 19. Jahrhunderts errichtete ein Graf den wuchtigen Scone Palace. Sein Standort zählt zu den wichtigsten der schottischen Geschichte: Bis sie 1559 von fanatischen Protestanten zerstört wurde, ragte an diesem Ort Scone Abbey zum Himmel, jene Kirche, in der im Jahr 843 Kenneth MacAlpin zum König des geeinten schottisch-piktischen Reiches gesalbt worden war.

Links:
Der Scone Palace beherbergt das Inventar eines herrschaftlichen Sitzes: französisches Mobiliar, eine Porzellansammlung, wertvolle Elfenbeinschnitzereien und eine kostbare Bibliothek – hier das Schlafzimmer von Queen Victoria.

Unten:
Brauchtum, Volksmusik und Kraftsport sind bei den Highland Games and Gatherings zu erleben – ein Spektakel für Auge und Ohr, für den Nationalstolz und den Fremdenverkehr.

Pipe Bands (Dudelsackbands) marschieren auf und musizieren um die Wette – angeführt von einem Chieftain (Clanshäuptling) bei den Drumtochty Highland Games.

Rechts oben:
Viel Luft gehört dazu: Auf manchen Highland Games treten die Dudelsackkapellen in Wettbewerben gegeneinander an, hier bei den Cowal Highland Games.

Rechts Mitte:
Bei den Drumtochty Highland Games posiert ein Chieftain in traditioneller Kleidung mit Kilt, Sporran, Plaid und Glengarrymütze. Die Karomuster heißen »Tartans« und sind auch eine Art gewebtes Familienwappen. Jeder Clan hat seinen eigenen Tartan, wobei die Karos je nach Verwendungszweck auf unterschiedlichen Grundfarben erscheinen.

Rechts unten:
Zur kompletten Tracht gehören neben Kilt und Felltasche auch die Kniestrümpfe mit Strumpfbändern, die einen kleinen Dolch, »sgian dubh« genannt, halten.

Sport der Extraklasse – die Highland Games

Für Sportfreunde bietet Schottland eine breite und bunte Palette von Möglichkeiten: Man spielt dort Golf, Tennis, Cricket, Polo und Hockey, natürlich auch Fußball; es werden Hunde- und Pferderennen veranstaltet; die Landschaften laden zum Reiten, Radfahren, Angeln und Wandern ein, die Seen zum Segeln, Surfen oder Kanufahren; im Winter ist im Hochland Skifahren möglich.
Der Highländer jedoch misst seine Kräfte bei besonderen Wettkämpfen. Seitdem die Clan-Battles der Vergangenheit angehören, treten die Schotten in heutiger Zeit nur noch zum sportlichen Kampf an: den Highland Games and Gatherings. Dazu gehören einige für Nicht-Schotten etwas merkwürdige sportliche Disziplinen, nämlich ein Vierkampf, bestehend aus Tauziehen, Hammerwerfen, einer Art Kugelstoßen und dem berühmten »Tossing the Caber«, dem Baumstammwerfen. Aufgabe der kräftigen Athleten ist es dabei, einen fünf bis sechs Meter langen Baumstamm mit einem Gewicht von etwa 80 Kilogramm so kunstvoll in die Höhe und von sich weg zu schleudern, dass der Stamm sich überschlägt und möglichst in 12-Uhr-Position liegen bleibt. Beim Gewichtwerfen muss der Sportler ein 13 bis 25 Kilogramm schweres Gewicht an einer Eisenkette zunächst möglichst weit schleudern und es anschließend über eine 4,5 Meter hohe Latte befördern. Außerdem wird um die Wette gelaufen, gesprungen und getanzt (selbstverständlich zu den Tönen des Dudelsacks). Gekleidet sind die Teilnehmer nicht in die neusten Hightech-Sportklamotten, sondern natürlich in die traditionelle Tracht mit Kilt und Kniestrümpfen. Das dazugehörige Messer wird allerdings vor den sportlichen Aktionen entfernt. Wichtig sind bei den Spielen vor allem Spaß und Geselligkeit, das Pint im Festzelt die liebste Belohnung der Sportler.

Die kräftigsten Krieger und schnellsten Botenläufer

Die Wurzeln dieser eigentümlich anmutenden Veranstaltungen sollen ins 11. Jahrhundert zurückreichen. Damals versammelte König Malcolm III. seine Clans und suchte durch diese Art von Wettkämpfen die kräftigsten Krieger und schnellsten Botenläufer aus. In der zweiten Hälfte des 19. Jahrhunderts regte Königin Victoria, die alles Hochländische liebte, die Wiederbelebung der urwüchsigen, in Vergessenheit geratenen Spiele an. Daraus entwickelten sich die Highland Games, die heute alljährlich in der Saison zwischen Ostern und Oktober Tausende von Schaulustigen anziehen. Spötter mögen diese Veranstaltungen als »Oatmeal Olympics« verulken (»Hafermehl-Olympiade«), doch Ihre Majestät die Königin beehrt alljährlich am ersten Samstag im September die Royal Highland Gatherings in ihrer Sommerresidenz Braemar mit ihrer Anwesenheit.

Eine schottische Erfindung: Curling

Viel weiter verbreitet und weniger rustikal ist eine andere schottische Erfindung: das Curling. Diese dem bayerischen Eisstockschießen verwandte Sportart ist ebenfalls im Hochland entstanden, nämlich auf den zahlreichen, im Winter zugefrorenen Seen. Auf einer 42 Meter langen und 6 Meter breiten Spielfläche kämpfen zwei Mannschaften zu je vier Spielern gegeneinander. Ziel ist es, einen fast zwanzig Kilogramm schweren polierten Granitstein auf der mit Besen geglätteten Eisfläche möglichst nah an die Zielmarkierung gleiten zu lassen. Über 600 Curling-Clubs verzeichnet man in Schottland; erst nach der Goldmedaille für die britische Damenmannschaft bei den Olympischen Winterspielen 2002 in Salt Lake City kannte man Curling in ganz Großbritannien.
Der Schottlandreisende Theodor Fontane wohnte einst als Zuschauer einem sportlichen Highland-Wettkampf bei und kommentierte: »Das Spiel fesselte uns, aber noch mehr erfreute uns die Stattlichkeit und die Heiterkeit der Leute, die hier ungezwungen, ohne Dressur und Überwachung, die Spiele ihres Landes spielten.« – Daran hat sich bis auf den heutigen Tag nichts geändert.

Links:
Bei aller Folklore darf man die Highland Games doch nicht mit Schaustellerei verwechseln. Den Sportlern wird alles abverlangt, was sie geben können.

Oben:
Das gibt es nur in Schottland, den Wettbewerb im Baumstammwerfen: »Tossing the Caber«. Was auf den ersten Blick grotesk aussieht, verlangt Kraft und Konzentration.

Bilder rechts, von oben nach unten: *Geworfen wird bei den Highland Games mit fast allem das Feld und Wald zu bieten hat. Neben dem Baumstammwerfen (Tossing the Caber), gibt es „Putting the Stone“, das Werfen einer etwa 10 Kilogramm schweren Steinkugel (rechts oben) und das „Weight for Height“, wobei ein Gewicht von 25 Kilogramm über eine Latte geworfen werden muss (2. Bild von oben). Eine weitere Disziplin ist das Tauziehen, das „Tug-o-War“ (3. Bild von oben). An Tanzwettbewerben nehmen Mädchen wohl auf der ganzen Welt gerne teil. Hier geht es bei den Highland Games in Drumtochty nicht um das pure Kräftemessen, hier zählt die Grazie (rechts).*

Oben:
Was wie eine Kulisse in den marmorierten Himmel ragt, war einst die stattliche Kathedrale St. Andrews auf der Nordseehalbinsel Fife.

Seite 70/71:
Schottland, wie man es sich vorstellt: Dunnotar Castle liegt hinreißend schön auf den Klippen an der Nordseeküste, bei Stonehaven südlich von Aberdeen.

Rechts:
»Mekka der Golfer« wird St. Andrews bisweilen tituliert, da sich hier der berühmteste Golfkurs der Welt befindet. Bereits im 15. Jahrhundert wurden die Bälle geschlagen.

Oben:
Aberdeen ist die drittgrößte Stadt Schottlands und die einzige mit weltstädtischem Flair in den Highlands. Man kennt Aberdeen als Granite City, denn die Stadtväter ließen im 19. Jahrhundert alle öffentlichen Gebäude aus dem Granit der umliegenden Steinbrüche errichten. In der Altstadt liegt die King's College Chapel, die den idealen Rahmen für Hochzeiten abgibt.

Links:
Aberdeen City: In der Stadtmitte thront das Rathaus, davor liegt der Marktplatz mit dem runden Mercat Cross, dazwischen die Union Street, jene Hauptgeschäftsstraße, die das ganze Zentrum durchzieht.

Links:
Lyrische Momente in Grün und Grau in der Tayside. Die steinerne Brücke überspannt einen Wasserfall bei der Dunkeld Herimitage.

Oben:
Stelen aus Stein bei Kilmartin Glen. Das Alter dieser Überbleibsel einer prähistorischen Kultur wird auf etwa 5000 Jahre geschätzt. Wie beim Steinkreis von Stonehenge in England fragt man sich, ob es sich um Gräber, eine kultische Anlage oder eine frühe Form eines astronomischen Observatoriums handelt.

Ganz oben:
Ein Cottage auf bluttränkter Erde: Auf dem Feld von Culloden fand 1746 die letzte grausame Schlacht zwischen Schotten und Engländern statt. Kaum ein Hochländer entging dem Gemetzel. Der Anführer der verlustreichen schottischen Truppen, Bonnie Prince Charlie, konnte fliehen.

Oben:
Am 16. April 1746, mittags um ein Uhr, ging über dem Moor von Culloden ein Graupelschauer nieder, als 5000 schottische Freiheitskämpfer in einem aussichtslosen Kampf doppelt so vielen englischen Soldaten unterlagen. Die meisten Gefallenen blieben namenlos und ruhen in Massengräbern. Hier der Gedenkstein für das Grab des Clans Donald.

Oben:
Wie aus dem Modellbaukasten wirkt das alte Fischerdorf Crovie bei Banff, dessen Häuser von den letzten Strahlen der untergehenden Sonne erhellt werden.

Rechts:
In fast überirdischem Blau glüht das Meer bei Pennan an der Nordküste von Grampian. Nach Mitternacht verabschiedet sich am Horizont die Sonne mit einem blassrosa Schimmer. Hier drehte Bill Forsyth in den 1980er-Jahren den Film »Local Hero«.

Seite 76/77:
Das »Lonach Highland Gathering« (Highland Games) in Strathdon beginnt morgens mit dem Aufmarsch der Men of Lonach.

Oben:
Um zwei blaue Halbrunde vor grünem Hintergrund gruppieren sich die Häuser der kleinen, idyllischen Hafenstadt Stonehaven, die südlich von Aberdeen an der Nordseeküste gelegen ist.

Links:
Ein meerumspültes Land ist reich an Leuchttürmen. Hier der Leuchtturm an der Hafeneinfahrt von MacDuff. Seit 1787 bestückte der Northern Lighthouse Board die Küste Schottlands mit Leuchttürmen. Die Geschichte ist in Scotland's Lighthouse Museum in Kinnaird Head (Fraserburgh) dokumentiert.

Unten:
Die High Street von Inverness, für Theodor Fontane der bedeutendste Ort im ganzen Norden Schottlands: »Das immer spärlicher werdende Leben rafft sich hier noch einmal zusammen, schafft Komfort, Luxus und Geselligkeit und treibt Blüten der Wissenschaft und selbst der Kunst.« – Stimmt!

Rechts oben:
Der Dudelsackbauer Alan Logan aus Inverness betreibt ein seltenes, in Schottland jedoch nicht aussterbendes Handwerk. In jede Sackpfeife investiert er viele Stunden Handarbeit, damit jener unverwechselbare Klang ertönen kann, den man über die ganze Erde als schottischen erkennt.

Rechts Mitte:
Wirkt steinalt, ist aber relativ jung: Erst im 19. Jahrhundert wurde Inverness Castle erbaut, in dem sich heute die kommunale Verwaltung

befindet. Im Innenhof erinnert ein Denkmal an Flora MacDonald, jene mutige Frau, die Bonnie Prince Charlie zur Flucht verhalf.

Rechts unten:
Der Kiltschneider Gary Smyth in Culloden beim Anzeichnen und Zuschneiden. Der feine Wollstoff auf seinem Arbeitstisch ist im »Royal Stewart«-Tartan gemustert, dem wohl bekanntesten Tartan überhaupt. Die seriösen Kiltschneider gehören der »Kiltmakers Association of Scotland« an.

Und ewig lockt das Ungeheuer – Loch Ness

Die Kulisse eignet sich wirklich für schauerliche Geschichten: Wo ein großer Graben den Nordwesten vom Südosten der Highlands trennt, befand sich vor 12 000 Jahren eine Meeresbucht. Nach dem Absinken des Meeresspiegels bildete sich ein See, den wir heute als Loch Ness kennen. Das Gewässer – umgeben von bewaldeten Hügeln – ist 36 Kilometer lang, aber nur 1,5 Kilometer breit. Seine Tiefe beträgt bis zu 325 Meter. Torfpartikel färben das Wasser braun »wie eine Ochsenschwanzsuppe« (so der Schottlandkenner Peter Sager). Durch eine ganzjährig konstante Temperatur von 6 bis 7 Grad Celsius friert Loch Ness im Winter nicht zu und ist im Sommer eiskalt. Eine dicke Schlickschicht auf dem Grund verhindert, dass etwas wieder an der Oberfläche auftaucht, was einmal im See versunken ist. Das alles aber macht Loch Ness noch nicht zu einem der berühmtesten Seen der Welt. Popularität genießt er wegen seines (angeblichen) Bewohners, liebevoll »Nessie« genannt.

1933 wurde entlang des Sees die Landstraße A 82 gebaut. In diesem Jahr registrierte man die ersten Sichtungen eines Ungeheuers im Loch. In den folgenden Jahrzehnten wurden mehr als 7000 solcher Beobachtungen gezählt. Doch die Behauptungen, dass es sich bei der Suche nach Nessie um ein »jahrhundertealtes« Phänomen handle, dürften zu hoch gegriffen sein. Die Schottlandreisenden Fürst von Pückler oder Theodor Fontane wussten vor 150 Jahren nichts von der Sage eines Urtiers zu berichten. Man beruft sich aber gern auf eine uralte Heiligenlegende: Im 6. Jahrhundert habe Abt Columban, der irische Missionar Schottlands, einen Mann gerettet, der fast von einem Untier aus dem See gefressen worden wäre; der Mönch schlug das Kreuz über das böse Wesen, das daraufhin brav zurück ins Wasser glitt. Die Anwohner von Loch Ness bekehrten sich daraufhin zum christlichen Glauben.

Nessie unter Tierschutz

Was ist dran an diesem Phänomen: Gibt es Nessie wirklich, oder handelt es sich um einen Fall von Massenhalluzination? Neben ungezählten privaten Nessie-Jägern versuchten auch hochkarätige Forscherteams dem Geheimnis auf die Spur zu kommen. Ein »Büro zur Erforschung des Phänomens von Loch Ness« arbeitete von 1962 bis 1972 daran und gab enttäuscht auf. 1976 startete eine Expedition von dreißig amerikanischen Naturwissenschaftlern. Mit Echoloten, Infrarotkameras und Teleobjektiven rückten sie Nessie auf den Leib. Doch was die einen als Beweis für die Existenz deuteten, taten die anderen als Sinnestäuschung ab. Taucher können im trüben Wasser nur ein paar Meter weit sehen. Sogar Mini-U-Boote kamen zum Einsatz. Die Ergebnisse unterschieden sich kaum vom anderen Material, das sich im Laufe der Jahre angesammelt hatte: Manche Fotos waren schlicht gefälscht, andere ließen unspektakuläre Deutungen zu. Einige Aufnahmen jedoch provozieren zumindest fantasievolle Erklärungen. Und so geht die Suche weiter. Nicht zuletzt deswegen, weil die Guinness-Brauerei eine halbe Million Pfund Belohnung für den Finder von Nessie ausgelobt hat. Doch der dürfte das Tier gar nicht fangen: Seit 1934 steht das Ungeheuer nämlich unter Tierschutz. Jene, die meinen, Nessie schon einmal gesehen zu haben, beschreiben seinen langen Hals oder seine breiten Flossen. Diese Hinweise legen den Vergleich zu einem Urtier nahe, dem Plesiosaurus. Dieser gehörte zu den Reptilien, die sich – ursprünglich auf dem Land lebend – mit der Zeit dem Wasser anpassten: Die Vorder- und Hintergliedmaßen wurden zu Paddeln, der ganze Körper stromlinienförmig. Vor etwa 190 Millionen Jahren sollen die Plesiosaurier gelebt haben: vier Meter lang mit vier Paddeln von je einem Meter Länge. Sie besaßen einen kleinen Kopf auf einem langen Hals, kräftige Kiefer und scharfe Zähne. Ihr großer Appetit könnte im Loch Ness gestillt werden, denn der See ist reich an Lachsen, Aalen und Forellen. Nur bleibt die Frage offen, wie ein einzelnes Tier hätte überdauern sollen.

Die Suche geht weiter, nicht zuletzt angespornt durch den romantischen US-Kinostreifen »Nessie – Das Geheimnis von Loch Ness«. Über zwei Millionen Touristen strömen jährlich zum See und starren gebannt auf die Wasserfläche. Doch heutzutage kann man's noch einfacher haben: Eine Webcam in Urquhart Castle sendet übers Internet alle paar Sekunden Livebilder auf den Bildschirm jedes PC-Users der Erde, der die Homepage von Loch Ness anklickt. Unter dem Bildfenster heißt es schelmisch: »Happy hunting!«

Links:
Adrian Shine, seines Zeichens Loch-Ness-Forscher, weiß besser über den geheimnisvollen See Bescheid als andere Leute. Bis heute arbeitet er daran, das Mysterium von Nessie zu erhellen.

Oben:
Dieses Foto stellt leider keinen eindeutigen Beweis für die Existenz des sagenumwobenen Ungeheuers dar, sondern ist eine Nachbildung dessen, was man sich gemeinhin unter »Nessie« vorstellt.

Rechts oben und Mitte: *Ob es Nessie gibt oder nicht, interessiert nicht wirklich. Eine ganze Region lebt von diesem Mythos: Nessie als Plüschtier, Schlüsselanhänger, auf T-Shirts, Kugelschreibern, Lutschern – wer schon das Original nicht zu sehen bekommt, möchte sich wenigstens ein Souvenir mitnehmen.*

Rechts: *»Kein Zugang zum See«, mahnt dieses Hinweisschild. Fragt sich nur, ob Nessie lesen kann...*

Oben:
Schiffsverkehr auf dem 1822 eröffneten Kaledonischen Kanal, der seither eine durchgehende Wasserstraße von Loch Linnhe bis zum Moray Firth ermöglicht. Bei Corpach kann man diesen Blick auf den Ben Nevis genießen, Schottlands höchsten Berg.

Rechts:
Das Hochtal Glen Coe mit der Bergkette »Three Sisters« markiert ein dunkles Kapitel englischer Geschichte: Hier wurde der Clan MacDonald of Glencoe 1692 massakriert.

Seite 84/85:
Willkommen am Ende der Welt: Blick über Lochan na h-Achlaise zum Black Mount, auf dem im Juni Schnee liegt.

Seite 88/89:
Besonders in den Northwestern Highlands haben die Eiszeiten das Land stark zerklüftet zurückgelassen und eine Unzahl von Tälern und Seen geschaffen, die die unvergleichliche Schönheit dieses Landstrichs ausmachen, wie im Glen Affric südwestlich von Inverness.

Links:
Wasser, Häuserzeile, Berge – das Dorf Dornie am Loch Duich vermittelt eine typisch schottische Atmosphäre.

Unten:
Die Kessel dieser Dampflokomotive auf dem Glenfinnan Viadukt werden für Oldtimer-Freunde geheizt. Vor dem Ausbau des Automobilverkehrs schaffte die Eisenbahn die schnellsten und sichersten Verbindungen von Edinburgh und Glasgow in das Hochland.

Links oben:
Schätze schottischer Natur: eindringliche Farben, unverwechselbare Landschaften. Glen Coe verfließt in einem unwirklichen Blau.

Links Mitte:
Ein Baum für ein Bild: Am Loch Morar trotzt eine alte Kiefer der rauen Umwelt der schottischen Highlands.

Links unten:
Farben der Natur: Die Gegend am Loch Maree gleicht mit ihren Findlingen und dem Berg Siloch im Hintergrund einer Mondlandschaft.

Unten:
Glenfinnan Monument am Ufer des Loch Shiel: Zum ehrenden Gedenken an jene verheißungsvolle Versammlung, bei der es Bonnie Prince Charlie gelang, die Clans zum Kampf gegen die verhassten Engländer zu einen. Die entscheidende Schlacht ging verloren. An das letzte Aufbäumen der Schotten erinnert die Statue des »unbekannten Highlanders« auf einem Turm.

Unten:
Ullapool ist eines der wichtigsten Fischereizentren im Norden Schottlands. 75 Prozent des britischen Fischfangs werden von schottischen Häfen aus getätigt. Auch Trawler aus Russland und Osteuropa legen hier an. Außerdem ist Ullapool als Fährhafen für die Äußeren Hebriden von Bedeutung.

Rechts oben:
Ein echter Schotte: Dieser Fahrer transportiert Kohle nach Applecross, einem Flecken mit 235 Bewohnern, dessen erste urkundliche Erwähnung auf das 7. Jahrhundert zurückgeht.

Rechts Mitte:
In der einsamen Weite des schottischen Hochlands: erleuchtete Häuser und eine alte Telefonbox an der Hafenmeile von Shieldaig.

Rechts unten:
Ein Farmer vor seinem Cottage auf der Applecross Halbinsel. – Ein Spanier soll einmal einen Hochländer gefragt haben, ob es ein entsprechendes gälisches Wort für den Begriff »mañana« gebe, das etwa »morgen, nächste Woche, nächstes Jahr, irgendwann in ferner Zukunft« bedeute. Der Schotte habe geantwortet: »Ich glaube nicht, dass wir im Gälischen einen Ausdruck für etwas derartig Dringendes haben.«

Oben:
Karg erscheint die Nordküste der schottischen Highlands hier bei Reay. Nur ein einsames Boot liegt im Hafen.

Rechts:
Malerisch liegen die bunten Fischerboote im Hafen von Ullapool im Nordwesten der Highlands. Das Städtchen wurde 1788 von der Fischereivereinigung gegründet und ist noch heute eines der wichtigsten Fischereizentren.

Oben:
Mögen Sie Fisch? Gute Frage, wenn man es sich aussuchen kann. Doch wer am Wasser lebt, lebt häufig auch vom Fischfang. Die Fischer am Polbain Harbour haben einen Knochenjob.

Links:
In Kinlochbervie wird der Fang an Land gebracht. Obwohl Land-, Forst- und Fischwirtschaft nur zwei Prozent des gesamten britischen Bruttosozialprodukts ausmachen, kommt dem Fischfang in den kargen Highlands ein hoher Stellenwert zu.

Oben:
Blütenweiß, als stünde er in Griechenland: Vom Leuchtturm am Point of Stoer an der Westküste der Highlands blickt man auf die schier unendliche Weite des Atlantischen Ozeans.

Rechts:
Was könnte man anderes sagen als: malerisch! Vor 400 Jahren noch war Ardvreck Castle bewohnt. Die Ruine liegt im schönen Loch Assynt, den Angler seines Fischreichtums wegen schätzen.

Links:
Clachtoll an der Westküste, ein bescheidenes Cottage in Strandnähe – Kulissen für einen Rosamunde-Pilcher-Roman.

Unten:
Abweisend und grob gibt sich das Land dem Meer gegenüber an den Klippen des Point of Stoer. Die majestätische Erhabenheit signalisiert: Wasser, magst du noch so toben, bis hinauf auf dieses Plateau wirst du es nicht schaffen.

Prachtentfaltung um jeden Preis: Dunrobin Castle, das Stammschloss der Sutherlands, protzt nach außen und innen. Auf einer natürlichen Terrasse am Meer erbaut, zeigt es sich stolz erhaben dem Herannahenden. Zu den ausgestellten Kostbarkeiten gehören neben einer umfangreichen Trophäensammlung, die zu heutiger Zeit eher kurios wirkt, eine königliche Krone samt Robe. In der Bibliothek erwarten den geneigten Leser neben geistigen Werken ebensolche Getränke.

Rechts:
Hier ist Schottland zu Ende. Im äußersten Nordosten der britischen Insel liegt John O'Groats. Dieser Ort verdankt seinen Namen dem niederländischen Händler Jan de Groot, der von dieser Stelle aus bereits 1496 eine Fährverbindung zu den Orkney-Inseln in Betrieb nahm.

Unten:
Dünen an der Nordküste bei Strathy Bay: Immer weiter Richtung Norden, und man gelangt irgendwann zur Arktis.

Oben:
Die Natur verfügt über Zeit und Fantasie: Über zigtausende von Jahren hinweg wuschen bei Durness Fluss und Meer ein Höhlensystem in den weichen Kalkstein. Fantasievolle Leute vermuten an dieser Stelle gar den Eingang zum Hades …

Links:
Durness und der Rest der Welt. Dieser Wegweiser zeigt die Entfernung zu wichtigen Orten, wie etwa zur »Oasis Bar«, nach Belfast, Rom, New York und Köln.

Seite 102/103:
Schroff und wild wie spitze Bollwerke: Duncansby Stacks bei John O'Groats an der Nordostküste Schottlands.

Schutzwall im Meer – die Inseln

Der Hafen von Stornoway auf Lewis, das wie Harris zur Inselgruppe der Äußeren Hebriden gehört. Nur der auf den Inseln hergestellte Stoff darf sich wahrhaftig Tweed nennen: warm im Winter, kühl im Sommer, wind- und wasserundurchlässig, kurz: das ideale Gewebe für schottische Witterungsverhältnisse.

Die kargen und einsamen Inseln sind Teil unserer Vorstellungswelt von Schottland. Die meisten verdienen das Prädikat »malerisch«, wenngleich die Lebensbedingungen dort in alter Zeit keineswegs romantisch, sondern äußerst hart waren.

Die Äußeren Hebriden im Atlantik wirken wie ein Schutzwall für die Mutterinsel. Doch nach Lewis und Harris führen die Reiserouten in der Regel nicht. Dabei reizen diese Inseln durch ihren herben Charme. Das raue Klima schafft eine reizvolle Landschaft: Steilküsten trotzen den Wellen, der Wind fegt vielerorts über baum- und strauchlose Mondlandschaften. Harris ist die Heimat des legendären Harris Tweed, des robusten, wind- und wasserabweisenden Stoffes.

Bekannter, weil einfacher zu erreichen, sind die Inneren Hebriden: Mull und Skye etwa, oder Iona, die Insel der Klöster, von der aus Schottland von dem irischen Mönch Columban im 6. Jahrhundert christlich missioniert wurde. Iona wurde zur letzten Ruhestätte für zahlreiche Könige: 48 schottische, vier irische und acht norwegische Herrscher liegen dort begraben. Auf Islay wird in sechs Brennereien Whisky von Weltrang hergestellt.

Von den rund siebzig Orkney-Inseln sind nur 21 von Menschen bewohnt; auf den anderen hingegen sind Millionen von Seevögeln zu Hause. Nur unweit näher an Schottland als an Norwegen, dort, wo sich Atlantik und Nordsee vereinen, liegen die über hundert Shetland-Inseln. Die zwölf besiedelten sind skandinavisch geprägt und heute überwiegend von den Arbeitern auf den Ölbohrinseln bewohnt.

NORTHERN STAR
DUE
4-03

Seite 106/107:
Mainland ist die größte der etwa 100 Inseln der Orkneys – hier die sturmgepeitschte Küste bei Yesnaby.

Unten:
Die Orkney-Inseln wechselten erst im 15. Jahrhundert von norwegischer unter schottische Herrschaft. Deshalb ist hier der skandinavische Einfluss überall spürbar. Überraschend großzügig präsentiert sich die Kathedrale in Kirkwall: St. Magnus, eine Wikingergründung, ist die einzige schottische Kirche, welche die Stürme der Reformation heil überstand.

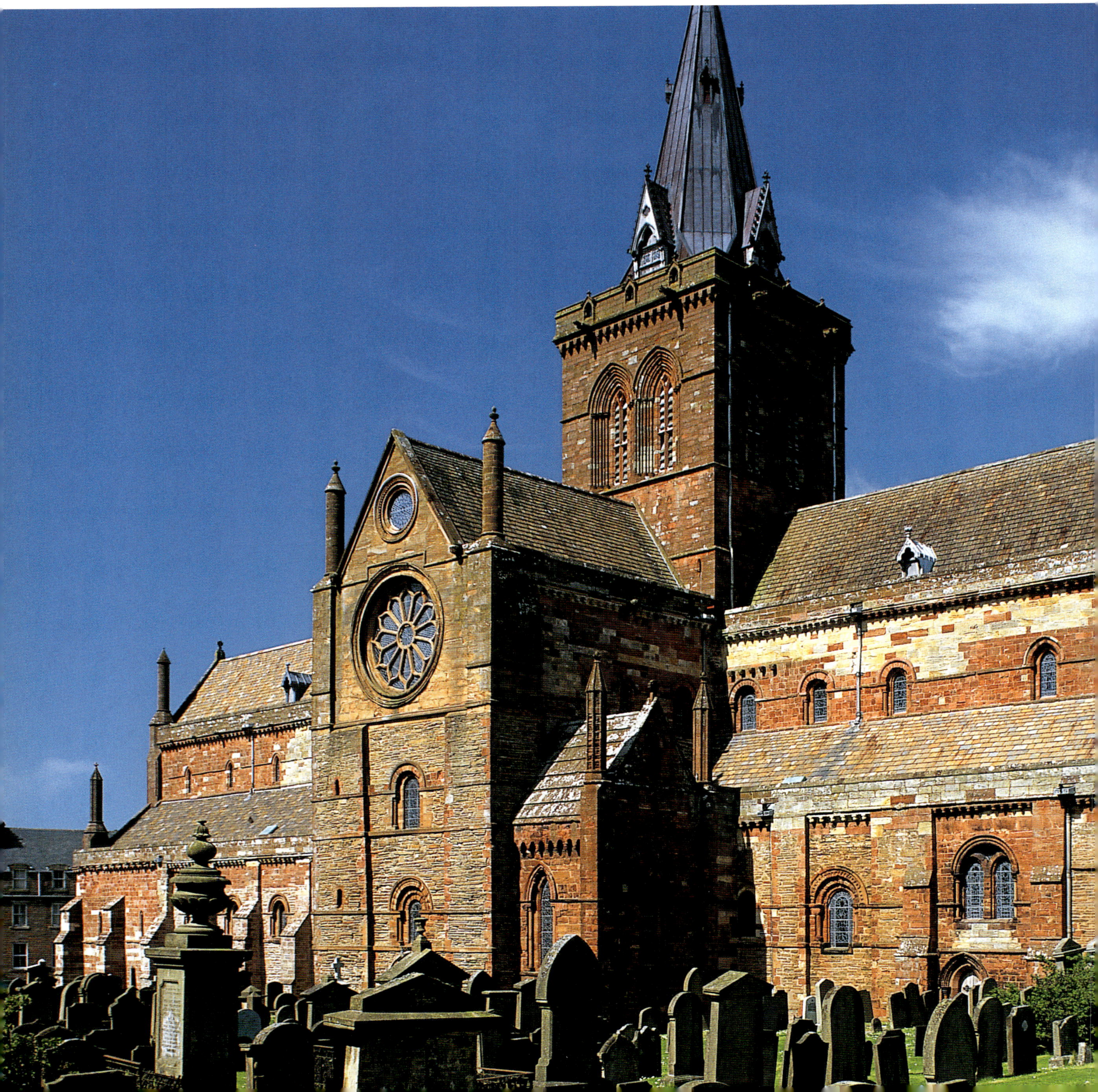

Rechts oben:
Häuserzeile am Meer in Stromness. Die gepflasterte Hauptstraße des alten Hafens für Heringsfischer und Walfänger steht heute unter Denkmalschutz.

Rechts Mitte:
Fischende Möwen bei Stromness. Man meint ihre Schreie zu hören und das Salz auf den Lippen zu schmecken.

Rechts unten:
Sie sind da zu Hause, wo andere Urlaub machen: Glückliche Kühe bei Evie. Im Hintergrund die Insel Rousay.

Fast acht Meter hoch ist dieser konische Hügel, der in der Form an einen Vulkan oder einen Bunker erinnert. Tatsächlich handelt es sich bei Maes Howe auf Mainland um ein Kammergrab, dessen Alter auf fast 6000 Jahre geschätzt wird.

Im Inneren der Grabkammer von Maes Howe wähnt man sich im Bauch der Mutter Erde. Als 1861 Archäologen das Grab untersuchten, fanden sie es leer vor: Bereits im 12. Jahrhundert hatten Wikinger es geplündert. Dafür hinterließen die Räuber eine stattliche Zahl von Runeninschriften.

Im Jahr 1850 entdeckte ein Landwirt nach einem Orkan zufällig Knochen und Mauerreste: Er war auf die prähistorische Siedlung Skara Brae gestoßen. Vor 5000 Jahren stand an dieser Stelle auf Mainland ein komplettes Dorf – mit frühem Luxus: Die Altertumsforscher brachten die Möbel der Bewohner ans Tageslicht, Betten und Anrichten aus Stein.

Broch of Gurness: steinzeitliches Zeugnis einer hochentwickelten Kultur. Vor 5000 Jahren, noch bevor man in Ägypten Pyramiden baute, richteten sich Menschen auf den Orkney-Inseln das Leben ein.

Seite 112/113:
Die nur spärlich besiedelte Orkney-Insel Hoy hat zwei Gesichter: Auf der einen Seite bestimmen tiefgrün überzogene Berghänge das Bild, auf ihrer Rückseite ragen Großbritanniens höchste Steilklippen aus rotem Sandstein aus dem Meer auf.

Nicht nur mit Dudelsäcken musizieren die Schotten: Alljährlich findet auf der Orkney-Insel Mainland in dem Städtchen Stromness das Orkney Folk Festival statt. Da wird im Stromness Hotel des 2500-Einwohner-Ortes bei den Sessions gefiedelt, gezupft, geblasen und getrommelt was das Zeug hält. In den Pausen lässt man sich einen Café oder etwas Stärkeres schmecken.

Whisky – das Wasser des Lebens

Oatcake (Haferkekse) und Whisky geben Kraft und Zähigkeit und schaffen bessere Männer als Milchkaffee und saurer Wein« – behauptete zumindest ein Hochländer, dem Theodor Fontane auf seiner Schottlandreise im Jahre 1858 begegnet war. Schottischer Whisky gilt heute als weltweit populärste Spirituose und erwirtschaftet einen jährlichen Umsatz von über zwei Milliarden Euro. 2000 verschiedene Marken laden zum Genuss des edlen Brandes ein, dessen Herstellung sich aufwändig gestaltet: Zunächst wird Gerste in Wasser eingeweicht und danach zum Keimen gebracht. Die im Getreidekorn enthaltene Stärke wandelt sich in Malzzucker um. Die Keimlinge dörrt man über einem Torffeuer – so entsteht der spätere, unnachahmliche Rauchgschmack. Die getrockneten Keime werden gereinigt, gemahlen und mit heißem Quellwasser zu einem Brei vermischt. Mit Hefe versetzt, gärt die Maische für mehrere Tage in riesigen Bottichen. Der Zucker wandelt sich zu Alkohol. Schließlich folgt die mehrfache Destillation in der Brennerei.

Der Anteil der Engel

Doch was bis jetzt herauskommt, ist farblos und kaum genießbar: Erst nach langer Lagerung (mindestens drei, in der Regel zwölf Jahre, aber auch 15, 21 oder gar 50 sind möglich) ist der Whisky gereift. Eichenfässer, in denen zuvor Sherry oder Bourbon gelagert war, geben dem Getränk die goldene Farbe und ein besonders zartes Aroma. In großen Hallen lagern die Fässer; den ausdunstenden Alkohol nennen die Schotten liebevoll »Angels' Share« (Anteil für die Engel). Dieser Dunst lässt eine Pilzart wuchern, welche die Lagerhäuser grauschwarz färbt. Etwa 60 Prozent Alkohol enthält der fertige Whisky; für die Abfüllung reduziert man den Alkoholgehalt durch Verdünnung mit Quellwasser auf die marktübliche Trinkstärke.
Die Geografie und das Klima Schottlands garantieren erstklassige Qualität: Reine Luft und klares Wasser lassen auch das Getreide wohl geraten. Einen Whisky, der allein aus Gerste gebrannt wird und aus einer einzigen Distillery kommt, nennt man »Single Malt«. Preiswerter als dieser sind die »Blended Whiskies«, kurz »Scotch«: Das sind Whiskies, die aus den Bränden verschiedenen Destillen gemischt werden und sowohl Gersten- als auch Maisbrand enthalten. Den amerikanischen Whisky – »Bourbon« – stellt man aus Mais her. Es gibt verschiedene Arten, dieses köstliche Getränk zu genießen: pur, mit Eiswürfeln oder versetzt mit Soda. In Schottland gibt man gewöhnlich einen Schuss klares Wasser hinzu und mahnt: »Trinke nie Whisky ohne Wasser – und nie Wasser ohne Whisky...!«

Ein Geschenk der Mönche

Seit wann die Schotten sich am Whisky erfreuen, ist ungewiss. Eine erste urkundliche Erwähnung findet sich aus dem Jahre 1494. Doch wahrscheinlich brachten bereits im 6. Jahrhundert irische Mönche mit dem christlichen Glauben auch die Technik des Alkoholbrennens nach Schottland. Sie nannten das Gebräu »uisge beatha«, das ist gälisch und heißt »Lebenswasser«. Anscheinend sprachen die Klosterbrüder dem geistvollen Getränk stark zu, denn Abt Columban sah sich gezwungen, harte Strafen für betrunkene Mönche zu erlassen.
Whiskybrennereien findet man heute in ganz Schottland, die meisten in den Highlands. Berühmte Tropfen werden auch auf den Inseln hergestellt, etwa auf Islay. Wer eine Reise durch Schottland macht, sollte sich den Besuch einer Brennerei nicht entgehen lassen, und vor Ort einen Schluck nehmen. Ausgefeilte Whiskyrouten führen Interessierte zu den Destillen der bekanntesten und berühmtesten Sorten. Ohne Whisky ist die Seele Schottlands nicht zu verstehen, denn der Nationaldichter Robert Burns meinte einmal, Freiheit und Whisky gehörten zusammen.

Das Lebenswasser, in Maßen genossen,
erhellt den Verstand,
beschleunigt den Geist,
heilt die Krankheiten.
Es bewahrt
die Augen vor Blendung,
die Zähne vor Klappern,
den Hals vor Röcheln,
die Hände vor Zittern,
die Knochen vor Schmerzen.
Ein wirklich majestätisches Labsal,
wenn es in Maßen genossen wird.
(Aus einer Chronik aus dem Jahre 1564)

Links:
Die Qualität eines Whiskys setzt sich aus Geschmack, Geruch und Farbe zusammen. Die Prüferin der Strathisla Whisky Destille, Wendy Robertson, beim »nosing«.

Oben:
Schottland ohne Whisky? So unvorstellbar wie Bayern ohne Bier. Ein Whiskyshop in Edinburgh offeriert die ganze Palette der geschmacklichen Vielfalt.

Rechts, von oben nach unten: *Als erster Arbeitsschritt wird die Gerste zum Keimen ausgebreitet und regelmäßig gewendet. – Das Torffeuer, über dem das Getreide getrocknet wird, gibt später dem Whisky den unnachahmlich rauchigen Geschmack. – Arbeiter am Destillationskolben. Bis sich der gewonnene Alkohol Whisky nennen darf und am Kaminfeuer genossen werden kann, vergehen Jahre. – Bei der Herstellung eines edlen Tropfens gewinnt jedes Detail an Bedeutung: Dieser Böttcher zimmert gute Fässer, die eine optimale Lagerung garantieren. – In Dufftown wird eine der populärsten Marken hergestellt, der sanfte Single Malt Glenfiddich. Ein Exportschlager! 50 Prozent des schottischen Whisky-Exports gehen in die USA.*

Links:
Stillleben mit Boot an der Küste bei Grosebay auf der Isle of Harris, die zusammen mit der Isle of Lewis die größte Insel der Äußeren Hebriden bildet.

Unten:
Mit Würde trägt dieser alte Schafbock seinemächtigen Hörner auf der Halbinsel Trotternish der Isle of Skye.

Unten:
Torf wird in Schottland nur für die Whiskybrennereien und den Eigenbedarf gestochen. Hier arbeitet die Familie Morisson im Barvas Moor auf der Isle of Lewis.

Links:
Von Hermaness auf der Shetlandinsel Unst geht der Blick zur Insel Muckle Flugga, dem nördlichsten Ort Großbritanniens – abgesehen von einem noch weiter nördlich gelegenen Felsriff. Der Leuchtturm wurde 1854 errichtet und seit der Automatisierung im Jahr 1995 und dem Abzug der Leuchtturmwärter ist die Insel unbewohnt.

Oben:
Wer braucht da buntes Plastikspielzeug, wenn man lebendige Spielkameraden hat? Der Farmersjunge bei Grosebay auf der Isle of Harris kuschelt sich an das weiche Fell des Lammes.

Oben:
Struppiges Schweif- und Mähnenhaar kennzeichnet die urwüchsigen Shetlandponys, die aufgrund des rauen Klimas zwar nicht sehr groß werden, dafür aber unheimlich widerstandsfähig sind.

Seite 120/121:
Die Insel Harris hat nicht nur Schafe und Tweed zu bieten, sondern auch wunderbare Landschaften – hier der Strand Tràig Luskentyre im Westen.

Links oben:
Im tiefen Azurblau der Wolle schwimmt das Weberschiffchen von Mrs. Campbell aus Plockropool auf der Isle of Harris. Bis heute wird der Tweed von Hand gewebt.

Links Mitte:
Heute kämpft die Weltmarke »Harris Tweed« ums Überleben, denn der amerikanische Markt ist vor einigen Jahren weggebrochen. Von den einst etwa 1200 Webern gehen nur noch rund hundert dem Beruf nach, so auf der Isle of Harris William McLeod in Scadabay.

Links unten:
Nur wenn ein Stoff zu 100 Prozent aus Wolle besteht, auf den Äußeren Hebriden gesponnen und dort von Hand gewoben wurde, darf er sich Harris Tweed nennen und dieses Etikett tragen.

Unten:
Die Tweedweberin Mrs. Campbell mit dem Rohmaterial: Wolle. Jahrhundertelang produzierten die Bewohner der Inseln den Stoff nur für den eigenen Bedarf. In der Mitte des 19. Jahrhunderts wurde er weltberühmt und besonders die britische Aristokratie ließ sich vor allem Jagd- und Freizeitkleidung aus dem robusten Stoff schneidern.

Oben:
Wenn schottische Emigranten fern der Heimat, in der «neuen Welt« Amerikas, wehmütig an ihr Zuhause dachten, dann sahen sie vielleicht in ihrem Herzen ein Bild wie dieses: saftiges Gras, blauer Himmel und Wasser – ein Cottage auf der Isle of Lewis.

Rechts:
Überall in Schottland begegnet man Zeugen längst vergangener Zeiten: der Broch of Carloway auf der Isle of Lewis.

Seite 126/127:
»Eilean a'Cheo« heißt die Isle of Skye auf Gälisch: »Insel des Nebels«. Grandiose Natur – wie der 50 Meter hohe Monolith »Old Man« vor dem Felsriegel »The Storr« – inspirierte das Volk von jeher zu zahlreichen Legenden und Sagen.

Links:
Die Standing Stones of Callanish auf der Isle of Lewis sind Boten einer vergangenen Zeit.

Unten:
Schottische Sehnsuchtslandschaft auf der Isle of Lewis: Ein einsames Cottage liegt bei Callanish zwischen den Wassern.

Linke Seite:
Steil fallen die Klippen der Halbinsel Trotternish an der Isle of Skye zum Meer hin ab. Die Form der Felsen gleicht entfernt dem Faltenwurf der Highlandtracht, was diesem Teil der Küste den Namen »Kilt Rock« eingebracht hat.

Die felsenreiche Küstengegend stellt besonders an stürmischen Tagen eine große Gefahr für den Schiffsverkehr und die Fischerboote dar. Deswegen sind Leuchttürme lebensnotwendig; man findet sie noch am letzten Ende, wie hier am Neist Point der Halbinsel Duirinish (Isle of Skye).

In Colbost auf Skye kann man sich im Folk Museum mit der Lebensweise vergangener Jahrhunderte vertraut machen: Die »Blackhouses« beispielsweise verzichteten auf einen Kamin und hatten nur ein Loch im Dach. Der Ruß schwärzte alles ein.

Oben:
Herausgeputzt wie zum Feiertagsspaziergang prunken die Häuser an der Uferstraße in Tobermory, dem Hauptort der Isle of Mull. Natürlich existiert hier auch eine exzellente Whiskydestille.

Rechts:
Paradiesisch anmutende Bucht bei Fionnphort auf der Isle of Mull. Eingeladen zum Baden ist jeder, doch die Wassertemperatur schreckt die meisten ab.

Oben:
Isle of Iona: Auf dieser Insel gründete der irische Mönch Columban im 6. Jahrhundert sein Kloster und missionierte von hier aus das schottische Hochland.

Links:
Den Reiz dieses Kreuzgangs konnte Columban nicht kosten, denn die Abtei wurde erst im 13. Jahrhundert gebaut. Heute leben in der Iona Community wieder Menschen gemeinsam in der Tradition des Mönchtums.

Seite 132/133:
Vulkanischen Ursprungs ist die Insel Staffa, die allerorten mit erstaunlich regelmäßigen achteckigen Basaltsäulen aufwarten kann.

Register

Orkney-
Inseln
Stromness
Kirkwall
Atlantischer Ozean
Nordsee
Äußere Hebriden
Innere Hebriden
Nordminch
John o'Groats
Thurso
Durness
Bettyhill
Tongue
Wick
Port Nis
Barvas
Grey Cairns
of Camster
Central Highlands
Stornoway
Kylestrome
Kinbrace
Latheron
Lewis
Loch
Assynt
Ben More Assynt
998 m
Helmsdale
Loch Shin
Ledmore
Lairg
Falls of
Shin
Dunrobin Castle
Tarbert
Ullapool
Bonar Bridge
Dornoch
Leverburgh
Inverewe
Gardens
Falls of
Measach
Tain
Moray Firth
Gairloch
Loch
Maree
Sgurr Mór
1.110 m
Spynie
Palace
Cullen
Banff
Fraserburgh
Lochmaddy
Elgin
Uig
Dingwall
Forres
Fochabers
Achnasheen
Strathpeffer
Fort George
Nairn
Glenfiddich
Distillery
Keith
Peterhead
Dunvegan
Beauly
Culloden
Inverness
Huntly
Skye
Lochcarron
Dufftown
Fyvie
Ellon
SCHOTTLAND
Grantown
on Spey
Kyleakin
Lochboisdale
Broadford
Loch Ness
Tomintoul
Alford
Aviemore
Fort
Augustus
Glen More
Forest Park
Aberdeen
Spey
Newton-
more
Armadale
Invergarry
Ben Macdui
1.309 m
Balmoral
Castle
Ballater
Banchory
Castlebay
Dee
Mallaig
Loch
Lochy
Commando
Memorial
Braemar
Stonehaven
Arisaig
Spean Bridge
Glenshee
Dunnottar
Castle
Glenfinnan
Monument
Grampian Highlands
Fort William
Ben Nevis
1.344 m
Blair Atholl
Salen
Strontian
Brechin
Pitlochry
Montrose
Loch Leven
Tobermory
Forfar
Aberfeldy
Scarinish
Loch Tay
Dunkeld
Blairgowrie
Arbroath
Craignure
Killin
Dundee
Carnoustie
Mull
Oban
Tyndrum
Scone Palace
Fionnphort
Crieff
Perth
St. Andrews
Earn
Inveraray
The Trossachs
Callander
Anstruther
Tarbet
Aberfoyle
Kinross
Leven
Argyll
Forest Park
Queen Elizabeth
Forest Park
Stirling
Kirkcaldy
Firth of Forth
Loch
Lomond
Lochgilphead
Dunfermline
North Berwick
Balloch
Linlithgow
Dunbar
Greenock
Edinburgh
Port
Askaig
Jura
Tarbert
Rothesay
Paisley
Glasgow
Eyemouth
Kennacraig
Largs
Berwick
upon Tweed
Motherwell
Islay
Portnahaven
East Kilbride
Port Ellen
Ardrossan
Kilmarnock
Lesma-
hagow
New Lanark
Peebles
Dryburgh
Abbey
Coldstream
Brodick
Biggar
Melrose
Kelso
Kintyre
Arran
Troon
Southern Uplands
Selkirk
Abbotsford
House
Clyde
Campbeltown
Ayr
Abington
Alloway
Cumnock
Jedburgh
Hawick
Culzean
Castle
Kirkos-
wald
Dalmellington
Moffat
Firth of
Girvan
Thornhill
Galloway
Forest Park
Lockerbie
Londonderry
Dumfries
Gretna Green
Newcastle
upon Tyne
Newton
Stewart
Threave
Gardens
Castle
Douglas
Gretna
NORDIRLAND
Stranraer
Glenluce
Carlisle
Gatehouse
of Fleet
Solway Firth
ENGLAND
Port
William
Drummore

Hochlandrinder wie dieses stattliche Exemplar im grünen Gras gehören zum Landschaftsbild der schottischen Highlands.

Impressum
Genehmigte Lizenzausgabe für Verlagsgruppe Weltbild GmbH, Steinerne Furt, 86167 Augsburg
Copyright der Originalausgabe

Karte: Fischer Kartografie, Aichach
Buchgestaltung: www.hoyerdesign.de
Umschlaggestaltung: Büro 18, Friedberg (Bay.)
Umschlagmotive: Vorderseite: Topaz/F1online (oben), Imagebroker RF/F1online (unten); Rücken: Getty Images/Colin Paterson; Rückseite: Getty Images/Neil Beer (links), Getty Images/Brand X Pictures (Mitte), Getty Images/Colin Paterson (rechts)
Gesamtherstellung: Firmengruppe APPL, aprinta druck, Wemding
Printed in the EU
ISBN 978-3-8289-3274-6

2016 2015 2014 2013
Die letzte Jahreszahl gibt die aktuelle Lizenzausgabe an.

Der Fotograf
Hartmut Krinitz lebt in der Nähe von Freiburg und arbeitet als Vortragsreisender und Reisejournalist für renommierte Magazine, Buch- und Kalender-Verlage. Hartmut Krinitz ist Mitglied der Bildagentur laif in Köln.
www.hartmut-krinitz.de

Der Autor
Georg Schwikart lebt als freier Schriftsteller und Publizist in Sankt Augustin bei Bonn. Neben seinen zahlreichen Büchern und Beiträgen für Anthologien, Zeitungen und Magazine ist er auch für Rundfunk und Fernsehen tätig.
www.schwikart.de